修订版

每天一堂
非遗文化课（民间文学卷）

杨素梅◎主编

中国华侨出版社

图书在版编目(CIP)数据

每天一堂非遗文化课："小橘灯"非遗文化普及读本·民

间文学卷 / 杨素梅主编.—北京:中国华侨出版社,2012.7（2021.2重印）

ISBN 978-7-5113-2647-8

Ⅰ.①每… Ⅱ.①杨… Ⅲ.①民间文学–介绍–中国

Ⅳ.①K203

中国版本图书馆 CIP 数据核字(2012)第 159450 号

每天一堂非遗文化课："小橘灯"非遗文化普及读本·民间文学卷

主　　编 / 杨素梅

责任编辑 / 严晓慧

责任校对 / 吕　宏

经　　销 / 新华书店

开　　本 / 787×1092毫米　1/16 开　印张/16　字数/270 千字

印　　刷 / 三河市嵩川印刷有限公司

版　　次 / 2012年10月第1版　2021年2月第2次印刷

书　　号 / ISBN 978-7-5113-2647-8

定　　价 / 45.00 元

中国华侨出版社　北京市朝阳区静安里 26 号通成达大厦 3 层　邮编:100028

法律顾问:陈鹰律师事务所

编辑部:(010)64443056　　64443979

发行部:(010)64443051　　传真:(010)64439708

网址:www.oveaschin.com

E-mail:oveaschin@sina.com

前 言

根据联合国教科文组织通过的《保护非物质文化遗产公约》中的定义，"非物质文化遗产"指被各群体、团体、有时为个人所视为其文化遗产的各种实践、表演、表现形式、知识体系和技能及其有关的工具、实物、工艺品和文化场所。

中国的非物质文化遗产其种类之繁多、形式之多样、内容之丰富，在世界也是少有的，这些主要通过"口传心授"的方式传承下来、以非物质形态存在的非物质文化遗产，内容丰富、形式多样，包括口头传统、传统表演艺术、民俗活动、礼仪、节庆、传统手工艺技能等。

本着帮助青少年拓展知识面，开阔视野，了解和传承中国最传统的文化精萃的目的，本套丛书应运而生。丛书将中国的上千种非物质文化遗产分为传统工艺、传统戏剧、民间文学、民间艺术、民俗文化和曲艺杂技六大部分，分为六册，详细介绍中国非物质遗产的起源、发展和传承情况。

《传统工艺卷》包含饮食、织染、服饰、制陶、建筑、锻造等一系列代代相传的手工艺制造技术。这些传统手工技艺曾经造福了一代代的中国人，让无数的手工业从业者过上了好日子，因此在普遍进行大工业机器生产的今天，这些技术类非物质文化遗产仍然有其独特的传承意义。

戏剧是中国的国粹，《传统戏剧卷》是全国各地各式各样的地方戏剧的合集。这些戏剧种类中，既有京剧、昆曲这种在全国范围内极具影响力的大剧种，也有很多仅在乡野之地流传，受当地百姓欢迎的小剧种。这些不同的戏剧种类之间既有不同又互相影响，共同构成了中华民族传统的非物质戏剧文化遗产。

中华民族有着五千年悠久的文明史，《民间文学卷》汇集了中国历史上那些最著名的民间故事。这些美丽的故事经过一代代的口口相传逐渐变得广为人知，成为了中国传统文化中一道亮丽的风景线。

《民间艺术卷》包含音乐、舞蹈、刺绣、美术和雕刻五大民间艺术类别中的一百余种非物质文化遗产项目。这些民间艺术的传承绝不仅仅只是文化遗产的传承，更是中国传统的审美取向的传承，它们中的任何一项，都足以震撼人们的心灵。

五千年来，中华民族在日常生活中形成了无数的民俗文化遗产。《民俗文化卷》着重介绍这些人们至今为止仍然喜闻乐见的风俗习惯，将这些中国人自古以来的生活方式画卷般展示在你的眼前，让你体会最原汁原味的中国式生活。

《曲艺杂技卷》包含全国各地的上百种曲艺文化遗产，这些曲艺杂技形式在物质文化生活极度发达的今天多半已经到了濒临失传的尴尬境地。作为中华民族的子孙，我们有义务去了解这些中华文化中的精粹，让这些老祖宗的智慧结晶永远流传下去。

本丛书内容详实、语言生动、图片精美、信息量极大，几乎涵盖了所有已被评为非物质遗产的中国文化项目，它是广大青少年课余生活的理想伴侣，也是学校可以为学生选择的最理想的课外读物，让青少年在阅读的同时体味中国传统文化中的美，在陶冶性情的同时让这些中国非物质文化遗产传承下去，使其源远流长。

CONTENTS **目 录**

第一章 人物故事

第二章 神话传说

第三章 民间故事

第四章 史诗与民间长诗

第五章 说唱与歌谣

第一章
人物故事

王昭君传说

【非物质文化遗产百科名片】	遗产项目	王昭君传说
	所属地区	湖北省兴山县
	入围时间	2008 年
	传承意义	两千多年来，王昭君的传说一直被世人传颂，成为千古佳话，同时也是我国家喻户晓的经典故事之一。王昭君是美的代名词、和平的使者、民族团结交流的象征。王昭君的传说也是一项内容十分丰富多彩的民间文学资源。

　　王昭君，名嫱，字昭君，乳名皓月。是我国古代四大美女之一，是美的化身和代名词。古语中的"沉鱼落雁之容，闭月羞花之貌"就是用来形容我国古代四大美女的绝美容貌的。其中"闭月、羞花、沉鱼、落雁"都是精彩的历史典故。"其中"落雁"说的就是昭君出塞的故事。

　　约公元前 52 年，王昭君出生于南郡秭归县宝坪村（今湖北省兴山县昭君村）一个普通的家庭。由于王昭君是家中幼女，所以深受父亲王穰的喜爱，视为掌上明珠，哥哥嫂子也对她是宠爱有加。王昭君天生美貌无比，自幼聪慧异常，琴棋书画样样精通。王昭君的绝世容貌和才情，让她名声大噪，成为远近闻名的女子，就连京城也广为称颂。

　　公元前 36 年，汉元帝在全国发布告示，征选秀女入宫。王昭君作为南郡出了名的美女，自然也在选拔之列。汉元帝下令，命令王昭君选择一个吉日尽快入宫。原本，王昭君的父亲王穰想以王昭君年幼为由，不让她入宫。无奈，皇命难违，只得让王昭君入宫。公元前 36 年的春天，王昭君告别父母，历经三个月到达京城长安，成为宫中秀女。相传宫女进入宫中以后，一般都是见不到皇帝的，而是由宫中画师画了像，送到皇帝那里去接受挑选。有个画师名叫毛延寿，给宫女画像的时候，如果宫女们送财物给他的话，他就会把她画得美一点。如果不送礼物给他，他就会故意把她画得丑陋一点。王昭君入宫以后，自持美貌，不愿意送礼物给毛延寿，所以毛延寿就没有把王昭君的美貌如实地画出来。因此，王昭君三年都一直无缘见到汉元帝。

公元前 33 年，北方匈奴首领呼韩邪单于再一次来到长安，要求和亲。汉元帝答应了呼韩邪单于的请求。原本汉朝和匈奴和亲，挑选的是公主或者皇亲宗室的女儿。可是，汉元帝不愿意让自己的女儿去匈奴受苦，所以就想挑选一个宫女代替公主出嫁匈奴。这个时候，王昭君挺身而出，自告奋勇愿意出嫁匈奴和亲。汉元帝选了一个良辰吉日让呼韩邪单于和王昭君在长安成亲，可是当汉元帝看到王昭君的绝世容貌以后，就想要反悔，但又怕失信匈奴引起战争，所以暗自懊恼不已。于是，就赏赐王昭君很多贵重物品，并亲自送她出长安十余里。

王昭君历时一年多，到达漠北，受到了匈奴人民的热烈欢迎，并被呼韩邪单于封为"宁胡阏氏"，意思是：匈奴有了汉朝女子作为首领的妻子，平安的生活也有了保障。

昭君出塞和亲以后，汉朝和匈奴两族团结和睦，人民生活幸福安康，呈现出一幅欣欣向荣的和平繁荣景象。约公元前19年，绝代佳人王昭君去世，被葬于今呼和浩特市南郊，墓依大青山，傍黄河水。后人称之为"青冢"。

到了晋朝时期，为了回避晋太祖司马昭的名讳，王昭君改称明君，历史称之为"明妃"。

王昭君对于我国历史所作出的贡献，不仅仅是她主动愿意出塞匈奴和亲，更主要的是她在出塞匈奴和亲以后，让汉朝同匈奴和好，整整50年边塞都再也没有起过纷争，这无疑增强了汉族和匈奴两族之间的团结和睦，是符合汉朝和匈奴人民的共同利益的。王昭君和她的子孙后代也为汉朝和匈奴两族人民的团结亲善作出了巨大的贡献，因此，受到了历史的一致好评。元朝的诗人赵介就曾这样评价过王昭君的历史贡献，说她的功劳不逊于汉朝的名将霍去病。因此，昭君出塞的故事，也成了我国历史上广为传颂的民族团结和睦的历史佳话。

不仅如此，王昭君的传说之所以会成为千古佳话，是因为该传说有着突出的价值体现，经过总结主要有以下几个方面：

第一，文学艺术价值。传说作为民间文学的一种形式，流传极为广泛，并深受男女老幼的喜爱。而王昭君传说是有关王昭君各种文艺作品的创作来源所在。

第二，思想认识的价值。王昭君主动出塞匈奴和亲，促进了汉朝和匈奴两族之间政治、经济、文化的交流，为两族的和睦发展作出了巨大的贡献。

第三，社会人文价值。王昭君从入宫到出塞和亲是一段传奇的人生历程。王昭君所表现出的民族大义和所折射的人文精神，对当今的时代仍有着重要的爱国主义教育意义。

第四，历史文化价值。王昭君的传说对学者研究认识西汉的文化和历史有着重要的参考价值。

王昭君作为美的化身、和平的使者和民族团结和睦的象征，她已经不仅仅属于兴山县、内蒙古，同时也属于整个中华民族，是符合当今人类社会的团结和睦相处和共同发展的社会主旨。

陶朱公传说

【非物质文化遗产百科名片】	遗产项目	陶朱公传说
	所属地区	山东省定陶县
	入围时间	2008 年
	传承意义	我国古代广为传诵的经典故事之一。在政治上他功成身退，有勇有谋，在商业上他三散其财，乐善好施。两千多年来，陶朱公的所作所为一直被后人津津乐道，并被历朝历代的商人所尊崇、效仿，对后世有着极其深厚的影响，被世人尊称为财神和商圣。同时，陶朱公的传说也是一项内容极其丰富的民间文学资源。

陶朱公，原名范蠡（约公元前 518 年~公元前 445 年），字少伯，楚宛三户（今河南南阳）人，是我国春秋末年的政治家、军事家和大商人，被世人尊称为财神和商圣。

公元前 494 年，吴国和越过两国交战，越国战败，越王勾践和妻子被迫来到吴国，成为了奴仆，范蠡也陪伴勾践一起来到吴国成为了人质。后来，范蠡利用计谋使勾践取得了吴王夫差的信任，从而才使得勾践能够顺利返回越国。回到越国以后，范蠡全心全意辅佐勾践做复国准备，试图一洗前耻。

经过十多年的努力，越国终于变得强大起来。公元前 479 年，吴王夫差率领军队远赴黄池会见联盟的各地诸侯，只留下太子和一些老弱的战斗力差的士兵守国。这个时候，范蠡建议勾践发兵讨伐吴国，并一举攻破了吴国的首都（今江苏苏州）。

公元前473年，吴国灭亡。吴国灭亡以后，作为灭吴的大功臣范蠡功成身退，离开了越国，泛舟来到了齐国的海滨，改名为鸱夷子皮。范蠡通过在海滨之地辛勤耕作，围海煮盐、捕鱼养殖等一系列劳作，终于积攒了数十万的资产，成为了远近闻名的富人。此时，齐国人发现了他的过人才智，就请他担任齐国的宰相。范蠡一直秉持着"富好行善"的思想，他不仅一次地对他人说："治家能置千金之产，做官能做到卿相之位，这已经达到极限了，长期享受这样的荣华富贵，是不吉利的。"于是，他辞去了宰相一职，并将自己全部的家财送给了亲朋好友，然后悄悄地离开了海滨这个地方，来到了定陶定居，重新开始经商，再次获得了数千万的资产，成为了远近闻名的陶朱公。

其实，有关陶朱公这个名称的由来，还有一个有趣的典故。传说范蠡辅佐越王勾践灭掉吴国以后，辞去官职带着西施来到了宜兴一个村子隐居了下来。他发现当地山上的泥土可以制作成陶器，就教当地的居民采集泥土做坯，并且筑窑烧制陶器。可是，范蠡所烧制出来的陶器，不是一个个变形了，就是整个陶器没有烧透，而且陶器上面还有许多的裂缝。对于这些问题，范蠡一时也想不到很好的办法来解决。

有一天，西施正在烧火做饭。范蠡看到炉中的火苗烧得很旺，心想这样不是在浪费柴火吗？于是，他就把垫在锅底下面的三块石头给搬掉了。西施说，如果锅子压在火上的话，火就没办法烧旺了。果然，三块石头被搬掉以后，火势立马就小了下去。范蠡心想：如果烧窑的时候不让泥坯着地，垫空烧制的话，会不会就能够把陶器烧透呢？之后，范蠡就按照这个想法去实验，发现果然大有改进，很多陶器已经没有裂纹了，后来，人们就称这种用来烧制的石头为"脚石"。

又有一天，范蠡从外面回到家中，看到西施正在做饭。刚好这个时候，饭锅里面的水滚了。西施赶忙将炉灶中的木柴夹了出来，只是留了几根在里面。范蠡好奇地问："你为什么要把好好烧着的柴夹出来呢？"西施回答道："饭烧滚了以后要闷一闷，要用小火来烧一会儿。如果一直用大火去烧饭的话，时间短了饭就会生，时间长了就会烧焦。"范蠡看着锅里做好的米饭，忽然想到：烧制陶器和烧饭不都是一样的吗？如果一直用大火烧的话，米粒就会被烧焦，陶器也是一样。如果烧制陶器的时候也闷一下，这样不就既可以将陶器烧透，也不会出现裂缝了吗？

范蠡经过反复试验，终于成功掌握了一套烧制陶器的方法，烧制出来的陶器都是完好的。他把烧制的方法传授给了当地的居民，大家都按照这个办法去做，从此以后窑场就日益兴旺起来了。人们也因此尊称范蠡为"陶朱公"，并且还雕塑了他的像，把每年阴历四月初七定为范蠡的生日，隆重地纪念他为人们所作出的贡献，同时范蠡所居住过的地方也改名为"蠡墅"，并一直沿用到了今天。

陶朱公的传说一直在民间广为流传，成为了千古佳话，其中所涉及的地理位置、民事民俗、典故文献、历史记载都饱含浓郁的地方特色。除此之外,《经商十八利》、《经商十八忌》、《陶朱公造秤》、《陶朱公名的由来》等一系列民间故事,也成为了后世人们研究陶朱公文化的重要来源。因此,加大对陶朱公传说的研究和保护,是有利于宣扬富而有德的儒商文化,也有利于发展和弘扬传统的民间文学。陶朱公传说是一项内容极其丰富的民间文学,所以应该大力抢救、保护和传承。

屈原传说

【非物质文化遗产百科名片】	遗产项目	屈原传说
	所属地区	湖北省秭归县
	入围时间	2008 年
	传承意义	屈原的爱国主义献身精神被后世广为传诵。屈原的传说是秭归人民将屈原和当地的自然景观、人文景观相互融合,进行创作和传承的用来抒发情感和寄托情思的民间文学,同时也是秭归千古流传的精神食粮。

屈原,字原,通常称为屈原,又自称为正则,号灵均,汉族,战国末期楚国丹阳(今湖北秭归)人,是楚武王熊通之子屈瑕的后代。"屈原传说"是秭归广大人民群众将屈原与境内自然景观、人文景观相互联系起来而创作和传承的以抒情和表意的一种民间文学。

根据司马迁《史记》中的记载,屈原是春秋时期楚怀王的大臣。他时常

建议楚怀王大力选拔人才，举贤任能，富国强兵，联合其他国家共同抵抗秦国，但是这一系列建议却遭到了贵族子兰等人的一致反对。随后，屈原遭受到众人的诬陷，被楚怀王罢免了官职，并被赶出了都城，流放到沅、湘流域。屈原在流放中，写下了忧国忧民的《离骚》、《天问》、《九歌》等千古闻名的不朽诗篇，对后世影响深远。公元前278年，秦军攻破了楚国的都城。屈原眼看着自己的祖国被侵占，痛苦不已，可是却又不忍心放弃自己的国家，于是在五月五日那天，写下了《怀沙》以后，抱石跳入汨罗江而死，他用自己的生命谱写了一曲壮丽的爱国主义诗篇。

传说屈原死后，楚国的百姓悲痛不已，都被他的爱国精神所感动，纷纷赶到汨罗江边去祭奠屈原。渔夫们也划着船只，希望能在江中打捞回屈原的身体。有一位渔夫拿出了事先准备好的饭团和鸡蛋等食物扔到江中，说这样做是为了把江中的鱼虾蟹喂饱，不让它们去咬屈原的身体。人们觉得渔夫的话有道理，也都纷纷效仿渔夫的做法。一位老医生则拿来了一坛雄黄酒倒入江中，并说雄黄酒的药量可以将蛟龙水兽药晕，使它们无法伤害屈原。后来，为了防止扔入江中的饭团被蛟龙食用，人们就想出用楝树叶包饭，外面缠上彩色的丝线，也就是如今人们食用的粽子。

从此以后，每年的五月初五，就有了赛龙舟、吃粽子、喝雄黄酒的习俗，人们通过这种方式来纪念爱国主义诗人屈原。

屈原的传说之所以被后世广为传诵,是因为该传说有着突出的价值体现,经过总结主要有以下几个方面:

第一,文学价值。秭归当地所流传的屈原传说把握了文学的宗旨所在,即用情感打动他人,用道理鼓励他人,用事实感动他人。另外,以景寓情,以事寓理,以虚寓实,以实寓虚的手法,将现实主义和浪漫主义相融合的创作手法更是值得称赞,从而让屈原传说的文学艺术价值得以进一步发展。屈原传说的价值不仅有利于文学创作的发展,而且还能推动民间文学理论的发展。

第二,欣赏价值。我国现存的 91 个屈原传说故事大致可以分为四大类,并且每一类说法都优美有趣,广为人知。第一类"景物传说"将虚实相结合,让人如临其境,例如《玉米三丘》《伏虎降钟》等;第二类"地名传说"所叙说得让人流连忘返,例如《乐平里》《九畹溪》等;第三类"人物传说"表达的主旨是惩恶扬善,例如《马桑树》《易服救主》等;第四类"习俗传说"可谓是雅俗共赏,例如《三闾风》《纱帽翅》等。因此,这些屈原传说听起来让人回味无穷,读起来更是让人爱不释手。

第三,社会价值。屈原的传说涉及整个文化教育、科学理论和人生道德观念等各个社会生活领域,对人们的思维启发、心灵感触起着重要的作用。另外,还促使人们树立正确的思想道德观、人生价值观和科学文化观。不仅如此,屈原传说对整个文化人类学、民俗学、心理学、语言学以及美学的深入研究都有着重要的参考价值。

第四,珍藏价值。屈原传说中,对于整个自然环境和人文环境的运用和解读,饱含了春秋楚国文化的事实景象和神韵风采,同时还蕴藏了当今社会和未来社会需要继续传承并发展的文化传统以及精神,例如屈原的爱国主义精神以及屈原传说的文学艺术价值等等。屈原传说不仅仅是民间文化的珍贵财富,而且还是人们文化生活中必不可少的精神财富,有的屈原传说甚至是民间文化艺术的珍藏品。所以,屈原传说具有重要的收藏价值和传承价值。因此,需要对屈原传说进行更广泛的搜集整理、出版发行、收藏保护,才能让它成为永久不衰的人类文化遗产。

第五,旅游价值。屈原传说的发源地秭归地处长江秀丽的西陵峡畔,和巍峨的三峡大坝紧紧相连,境内风光秀丽、美不胜收,是人们旅游的佳地。由其是遍布整个秭归乡村的屈原古迹和建筑,更使每个景点都独具屈原传说的特色,这些景点使屈原的故事得以保存并广泛地流传下去,这对当地的旅游开发起着十分重要的作用。屈原传说的传承发展不仅能丰富整个旅游文化,还能在一定程度上促进秭归旅游事业的经济发展。

然而,随着时代的蓬勃发展,屈原传说也受到了各类文化种类的冲击以及其他各种因素的影响,出现了继续发展断层的现象。主要凸显在以下几个方面:有的屈原传说缺乏传承者;有的屈原传说的表现艺人已经年迈或者过世;再加上屈原传说的景点也已破败不堪,急需对此进行保护。

屈原传说作为我国一项极其重要的民间文学资源,有着重要的社会价值,所以要抓紧时间采取有关措施去大力进行抢救、保护和传承。因为,只有这样才能让我国的民间文学得以发扬光大。

刘伯温传说

【非物质文化遗产百科名片】	遗产项目	刘伯温传说
	所属地区	浙江省文成县、青田县
	入围时间	2008 年
	传承意义	刘伯温传说的流传之广和数量之多，是其他任何人物类传说所难以相比的。刘伯温既是明末时期的进士，又是明朝初年的重臣，这是一位集优良道德、丰功伟绩、传世文章于一身的"三不朽"伟人。因而，刘伯温传说是广大人民以刘伯温为依托，寄托自己的思想观念和真挚情感所创造出来的民间故事。

　　刘基(1311 年 7 月 1 日~1375 年 4 月 16 日)字伯温,谥曰文成,汉族,浙江青田县南田乡(今属浙江省文成县)人,是我国明朝时期卓越的政治家、哲学家、文学家和军事谋略家,被世人称赞为"立德、立言、立功"的三不朽伟人,是有多方面突出造诣的优秀学者,也是对我国统一做出过巨大贡献的功臣。明朝开国皇帝朱元璋就曾赞誉刘伯温是"学贯天人、资兼文武"的贤人,并封他为明朝开国翊运守正文臣、赞善大夫、护军、诚意伯等职位,甚至还被尊称为"帝师"。

　　有关刘伯温的传说,其实在他在世的时候就已经广泛传说开来了,其中明朝初年黄伯生撰写的《刘公行状》里面的内容,就是我国现存最早记录刘伯温传说的文字。

据说，我国的首都北京之所以会建在现在这个地方，就是因为刘伯温的功劳。最初燕王朱棣在南京城中居住的时候，打算在北方重新修建一座京城，于是就找来了大臣刘伯温，想要请教他关于修建京城的位置。刘伯温说："这件事就让大将军徐达去办理吧，他一定可以很好地办理这件事情。"燕王听完刘伯温的建议以后就命人找来了徐达。刘伯温对徐达说："凭大将军你的神力往北方射上一箭，箭落在哪里就在哪里修建京城。"徐达答应了，来到了大殿外面，拉起弓箭，朝北方用力射去。刘伯温赶紧带上侍卫们坐上船，顺着大运河一路往北追来。

徐达的这一箭射得非常远，一直射到了如今北京城南20多里的南苑。当时，南苑住着八家小财主，他们看见天上忽然射落下来一支箭，非常惊慌失措。他们聚在一起商量说："要是在这个地方修建京城，那么我们的房产、田地不就都会被征用了吗？"几个人想来想去终于有了注意，那就是把落在这个地方的箭重新再射到别的地方去不就行了吗。于是，他们就把箭又向北边射去，然后落在了如今后门桥的这个地方。

相传，当时的后门桥下面有一个石碑，上面就刻着"北京城"三个字。石碑的下面就是当初落箭的地方。刘伯温带着众人追到南苑，掐指一算，知道箭应该是落在这个地方。可是他找来找去也没有看到箭，于是刘伯温就找来八家小财主,逼着他们要箭。几个小财主们看事情已经瞒不住了,只好央求刘伯温道:"只要不在这个地方修建京城,你提什么要求都可以。"刘伯温想了想说:"那好吧,不过修建京城的钱必须由你们来给。"几个小财主们一合计,心想我们有的是钱,修建个京城也算不了什么,就答应了下来。

最先修建的就是西直门的城楼,可是没有想到的是城楼还没有修建完毕,几个小财主们就已经耗尽了所有的家财,这下可怎么办呢?刘伯温又掐指一算,然后命令手下的人去找一个名叫沈万山的人,几天之后手下们果真找到了沈万山,并带到了什刹海来见刘伯温。这个沈万山究竟是一个什么样的人呢? 原来他只是一个在路边乞讨的乞丐,浑身上下又脏又破,手上还拿着一个破碗,听说刘伯温是来找自己要钱的,他顿时吓坏了,颤抖着说:"我只是一个穷得吃不饱饭的乞丐,哪里会有钱啊。"刘伯温听完眼睛一瞪说:"没钱不行,来人啊,给我打!"旁边站着的侍卫立刻拿起棍棒就朝着沈万山打了起来。

刚开始的时候沈万山还苦苦哀求,后来打急了,只好把脚一跺说道:"这地底下就埋有很多的银子,你们挖吧。"刘伯温非常高兴,立刻就派人来挖,果真在地下发现了许多用大缸装着的白花花的银子。可是修建京城继续没过多久,银子又用完了。刘伯温就继续找沈万山要银子,不给就命人打他。沈万山被打急了,就又往地下一指说:"银子都在这里,这里有很多银子。"大家一挖,果然下面又有许多的银子。就这样一而再,再而三,北京城终于修建完毕了。而那些由于挖银子挖出来的大坑,就都统统放进了水,之后就成了今天的什刹海、北海和中南海。

几百年来,刘伯温传说经过民间的口头创作流传以及历代的文人记录编写,内容也逐渐丰富多彩起来。就目前来看,在我国青田和文成等地所能收集到的刘伯温传说故事就不下数百种,这里面大多数都是口头传承开来的。其中的内容主要包括刘伯温的家世、平生事迹,所建立的丰功伟绩,为人聪颖好学、神机妙算,品德高尚,爱打抱不平,为百姓谋福,是明朝的开国功臣以及刘伯温家乡的一些风土人情、地理环境等各个方面。

因此,刘伯温传说是我国民间文化的一座宝藏。另外,刘伯温的历史形象也是极其的丰富,在这些丰富的形象中我们可以感受到刘伯温传说中所包含的丰富的民间文化内涵,能深刻地了解到刘伯温传说所蕴涵的巨大的文化价值。刘伯温是智慧的化身,是艺术和文章方面的才子,是民众智慧的象征。刘伯温是历代清官的榜样,是仁人君子的典范,是民众道德的象征。有关刘伯温的才智传说故事是在众多刘伯温传说故事中占据了很大一部分,经过初步的统计,仅在我国南方流传的刘伯温传说故事中,刘伯温才智类的传说故事就占据了一半,而在刘伯温的故乡浙江一带,有关他的才智故事更是占据了三分之二。这些有关刘伯温才智的传说故事,是一直以来广大人民实践智慧的经验总结,代表着广大人民的思想方式和思想特点。

不仅如此,刘伯温传说还具有很高的文学价值,对我国的民间文学史有着极其重要的影响。其中占有很大比重的刘伯温才智类的传说故事,更是有着重要的认知价值。传说中的刘伯温,是我国传统道德的典范,而他的传说故事对后人也起着一定的道德教育作用。另外,刘伯温传说中所涉及的一些历史因素,也能很好地去弥补正史中对刘伯温记载不足的地方,因此,刘伯温传说还具有一定的历史研究价值。

尽管现存的刘伯温传说故事已经出现了多种版本,但是还有很多的刘伯温传说故事没有得到很好的记载和整理。随着时间的不断推移和故事的传承者越来越少,如果再不进行及时的抢救保护措施,那么这些口头传承的宝贵的民间文学就有可能湮灭在历史的长廊里。

2007 年 4 月,刘伯温传说入选"第二批省级非物质文化遗产名录";

2008 年 6 月,刘伯温传说作为民间文学被列入国务院公布的"第二批国家级非物质文化遗产名录"。

西施传说

〔非物质文化遗产百科名片〕	遗产项目	西施传说
	所属地区	浙江省诸暨市
	入围时间	2006 年
	传承意义	西施是我国古代四大美女之首,是美的化身和代名词。西施传说承载了中华民族对于真善美的理想和追求,在民间广为传诵,令人动容,其价值具有永恒性。从某种意义上来说,西施传说还是整个吴越文化的一个缩影。

西施,名夷光,春秋时期越国人。我国古代四大美女之首,是美的化身和代名词。古语中的"沉鱼落雁之容,闭月羞花之貌"就是用来形容我国古代四大美女的绝美容貌。其中"沉鱼"就是为了形容西施的美貌。有关西施的传说故事在我国可以说是家喻户晓,妇孺皆知。

西施传说是以吴国和越国的战争为历史背景,以西施一生的传奇经历为主干,以各种各样的传说类别为枝叶,从不同角度歌颂了西施的美丽、善良和"为国甘献身"的奉献精神。

春秋时,西施出生于浙江诸暨苎萝山村一个普通的家庭里。父亲平时

出外砍柴卖柴，母亲则在家中浣纱织布。原本暨苎萝村分为东西两个村庄，西施家住在西村，所以人们都称呼她为西施。公元前494年，吴国和越国两国交战，越国战败，越王夫差被迫前往吴国为奴，之后被吴王夫差释放返回越国。越王勾践回国以后，发愤图强，试图一洗前耻。之后在朝中大臣文种和范蠡的辅佐下，大力发展生产，整顿吏治，同时还向吴王进献大量的金银珠宝和美女。而西施作为远近闻名的绝色美女，自然在所难免。

公元前490年，越王勾践将西施和郑旦以及其他中美女进献给吴王夫差，希望用美色迷惑吴王，让其沉迷酒色、不理朝政。西施身负国家使命，忍辱负重，扮演了使者和间谍的双重角色。公元前473年，越国军队一举攻破了吴国的都城姑苏，吴国灭亡。所以说，越国能够成功复国，在一定程度上是离不开西施的自我牺牲和奉献的。因此，西施的一生，饱含了愁苦、曲折和沉重。民间流传的有关西施的传说，都是美好和神奇的，留在人们心目中的，也都是西施为了越国的复国所做出的牺牲，这也是后世称颂纪念西施的原因所在。

西施传说诞生于春秋末期，最初是源于民间的口头叙述，而最早出现相关的文字记载则是在《墨子》和《孟子》等书中，之后经过历代人们的相互传诵，便流传开来，内容也变得更加丰富多彩起来。有关西施传说的故事版本众多，经过总结大致可以分为以下几种：

第一种，人物传说。这一类的传说是"西施传说"的主要内容。它主要是以西施一生的众多传说为主，以及由此展开来的一系列人物传说，例如"东施效颦"、"沉鱼之美"等，这类的传说大部分都是围绕西施的生活和命运延伸开来，既包含了国仇家恨，也叙说了男女之情等，内容十分广泛。

第二种，地名传说。这类传说中的代表就是人尽皆知的"白鱼潭"，也正是从这个传说故事中衍生出了成语"沉鱼之美"。

第三种，风俗传说。这一类的传说是以各地的风俗习惯为基础，例如著名的"三江口水灯"，讲述的就是西施进入吴国的时候，船只在路过三江口的时候恰逢是晚上，当地的村民就点燃了柴草扔进江中，以此来为这位"为国献身"的美人照明路途，之后为了纪念西施，年年都会举行放水灯的活动。直到今天，每年的农历七月半在诸暨三江口一带也依然有人进行放水灯的活动。

第四种，物产传说，例如闻名的"香榧眼"就是由此传说而来。

西施传说虽然种类繁多，但是都存在一个共同点，那就是都是从各个角度去称颂西施的美丽、善良和勇于献身的精神，也表达了人们对她这种精神的崇敬之情。

西施传说的故事历史悠久，有着将近2500多年的传承历史。并且流传也极为广泛，不但流传整个诸暨全境，波及江浙一带至全国各个地区，甚至远及韩国、日本和新加坡等东南亚国家、地区和世界各地的华人区域。同时，西施传说的内容也十分的丰富，里面所涉及的人物、地名、物产和风俗等等，几乎已经覆盖了民间文学的所有方面，除了民间的相互传诵以外，还用戏剧、影视节目等各种方式进行传承流播。

西施传说的故事主要是以"美"和"情"为中心，西施的美貌和自我牺牲、奉献精神是传说的文化精神所在,它起源于民间,也在民间发扬光大,因此它具备了民间传说的原生性这一显著特点。西施传说在民间传诵的过程中,被人们融入了自己美好的希望、祝福和信仰,从而让西施的形象越发丰富、美丽起来。从某种意义上来说,西施传说是整个吴越文化的一个缩影。

西施传说是我国极具代表的人物传说之一,具有多种重要价值:

第一个方面,文学价值。传说作为文学普及读物,流传极为广泛,深受男女老幼的喜爱,并且也是各种文学种类的创作来源,依据西施传说为题材的文学作品也是数不胜数。另外,通过这种文学形式的传播,也进一步扩大了西施传说的影响力,使得西施传说更加丰富多彩。仔细研究这里面的相互辅助的关系,对文学艺术的发展也有着重要的意义。

第二个方面,美学价值。西施作为美的化身和代名词,在我国民族的审美史上有着独一无二的重要地位,值得人们从美学的角度去进行深入仔细的研究。

第三个方面,认识价值和史学价值。西施传说是依据吴越两国的战争而产生的,这对研究吴越文化乃至整个春秋时期的文化有着重要的参考价值。

第四个方面,人文价值。西施传说所颂扬的人性真善美,推崇的献身精神和英雄主义,对弘扬优秀的人文精神起着重要的积极意义。

西施作为美的化身和代名词,承载着中华民族对于真善美的理想和追求。西施传说还是一项内容极其丰富的民间文学资源,所以应该抓紧时间采取有效的措施去大力抢救、保护和传承。

值得庆幸的是,2006 年 6 月 10 日,国务院公布了我国第一批非物质文化遗产名录,"西施传说"名列其中。至此,有关于这位诞生于 2500 多年前并被誉为我国第一大美女的传说将会受到相关法律的保护,从而成为全社会共同享有的一笔宝贵的文化遗产。

黄初平传说

【非物质文化遗产百科名片】	遗产项目	黄初平传说
	所属地区	浙江省金华市
	入围时间	2008 年
	传承意义	黄初平传说至今已有 1600 多年的历史，流传遍及全国各个地方，甚至远及美国、加拿大、发过、澳大利亚和东南亚各个国家，具有很高的人民性。黄初平传说的宗旨是"扬善惩恶、济困扶贫"，这也就反映了人类对于真善美的一致追求，表达了广大人民群众的美好愿望和普遍追求。

黄初平传说起源于东晋时期，最早出现的文字记载见于东晋时期著名的道教理论家葛洪撰写的《神仙传》一书。黄大仙传说，主要是根据历史人物黄初平而来。香港著名的黄大仙祠就是供奉他的，终日香火不断。

黄初平，晋成帝咸和三年（公元 328 年）出生于兰溪市黄淴村一个普通的家庭。自幼聪明好学，善良懂事，生得也是眉目俊秀，骨骼清奇。黄初平兄弟俩幼年的时候父母双亡，家境贫困，哥哥黄初起辛勤劳作种植蔬菜，弟弟黄初平平时主要砍柴、卖柴和牧羊，两人相依为命，彼此照顾。15 岁那年，黄初平上山放羊的时候，遇到了变化成道士模样的田神农时雨师赤松子，经过赤松子的指引，来到了赤松山金华洞内的石室中修仙。

哥哥黄初起见黄初平迟迟未归，就来到山中四处寻找，却始终没有找到黄初平。四十多年以后，黄初起在一位道士的指引下，终于在金华洞中找到了黄初平。黄初起追问起当年放羊的羊群下落，黄初平就让他到东面的山头寻找。一开始的时候，黄初起怎么也找不到羊群，可是黄初平走到山头大声呼喊过后，面前的白石居然变成了羊群。黄初起见此也立刻有了修道的想法，于是就告别了自己的亲人，和黄初平一起去洞中修道了。他们平日里就以松脂茯苓为食物，最终修炼了"坐在立亡"、"日中无影"。两个人虽然已经有五百岁了，可是看上去却像一位少年的模样。后来两个人回到家乡，看见自己的亲戚和邻居都已经过世，于是就又回到了山中继续修道。

黄初平在北山修道成仙以后，他之前的"叱石成羊"、苦练修道、知恩图报、惩恶扬善的故事便在民间逐渐流传开来，成为了很多神奇的传说故事，后人尊称他为黄大仙。

关于黄大仙的传说种类繁多，但是经过总结大致可以分为：黄大仙生平事迹传说、自然景观传说、民风民俗传说、人文景观传说、土特产物质传说、黄大仙显灵传说等等。在我国兰溪、金华、香港、澳门以及东南亚一带，一直都广泛流传着诸多有关黄大仙的传说。不仅如此，在兰溪和金华一带甚至还保留有黄大仙的故居、二仙井、金华观、赤松亭、二仙桥等遗址。另外在香港澳门和东南亚一带，还供奉有黄大仙的道观，至今为止道观里香火也依然十分旺盛，前来参拜的人也非常的多。

黄大仙传说至今已有1600多年的历史，流传遍及全国各个地方，甚至远及美国、加拿大、法国、澳大利亚和东南亚各个国家，具有很高的人民性。黄初平传说的宗旨好是"扬善惩恶、济困扶贫"，这反映了人类对于真善美的一致追求，表达了广大人民群众的美好愿望和普遍追求。同时，黄大仙传说的文化形态丰富多彩，既有古今中外诸多宫观祠庙和遗迹的物质形态，也有古今文学艺术等非物质文化形态。

黄大仙传说在我国历代诸多的道教典籍中也有相关的文字记载；还有民间的传说，各个朝代帝王的称颂，文人雅士的诗词绘画，历史史籍、地方方志和书籍的文字记载；戏剧、影视剧，等等。除此以外，有关黄大仙传说的故事还包含了他为人民济世治病、种粮开泉等善举，截至目前已经整理出72个版本的故事内容。

鲁班传说

【非物质文化遗产百科名片】	遗产项目	鲁班传说
	所属地区	山东枣庄
	入围时间	2008 年
	传承意义	鲁班传说讲述的是一个能工巧匠的传说故事。鲁班是我国古代的一位伟大的发明家，两千多年来，有关鲁班的传说故事，在民间广为流传，受到了人们的普遍称颂。我国的土木工匠们都尊称鲁班为祖师爷。不仅如此，鲁班传说在团结教育工匠方面，也起着极其重要的作用。

鲁班，原名公输班，是春秋末期到战国初期的鲁国人。出身于工匠世家，自幼就深受家庭熏陶，跟随家人参加过很多土木建筑的劳动，也渐渐掌握了生产劳动的操作技能，积累了丰富的实践经验。

经过不断地摸索实践，鲁班发明了墨斗、尺子、锯、刨子、钻子，以及凿子、铲子等众多的木工工具，让人们在从事某些劳动的时候可以轻松便捷地完成。鲁班在这个时期为工艺制造作出了的巨大贡献，再加上他技艺卓越，又是鲁国人，所以后人都尊称他为"鲁班（般）"。两千多年来，鲁班一直被广大土木工匠们尊奉为"祖师爷"，是我国古代伟大的"科技发明之父"，受到了人们的普遍称颂和纪念。

有关鲁班的传说故事很多,有的记载在古籍文献中,也有的在民间广为流传,而最早记载鲁班事迹的是《墨子》一书。传说鲁班曾经用木头制作了车、马、驭手,并且还在上面安装了机关,然后让自己的母亲坐在车上面,打开车里面的机关,车子就能跑动起来。

另外,传说如今木匠所用的锯子,也是由鲁班发明创造的。一开始的时候木工都是用斧头去砍伐树木,有一次,鲁班在山上劳作时,手上忽然被不知名的东西给划了一道口子,鲜血直流。他仔细找寻,发现是一颗丝茅草,丝茅草上面长着很多很硬很尖的小齿子,很轻易地就把人的皮肉给划破了。鲁班见此不禁心想:如果用金属做成带有齿子的长条,不就可以把木头给锯开了吗?于是,鲁班就由此发明创造了带有金属的锯子。

关于鲁班的传说故事种类繁多,但是经过总结大致可以划分为两个方面:

第一个方面,主要讲述的是鲁班发明创造的故事。根据我国古代史籍中的记载,鲁班发明创造了云梯、战舟、磨、碾、钻、刨等等。

第二个方面,主要讲述的是鲁班修建各地著名桥梁、殿宇和寺庙等建筑的故事。这一类的传说故事很早就在民间广泛流传,直至今日民间也还流传着这一类的传说:北京白塔寺白塔上面的裂缝就是由鲁班给锔好的;

河北保安的鸡鸣驿石桥之所以没有完工，主要是因为鲁班在建造桥的时候，他的姐姐担心他过度劳累，所以提前学了鸡叫，好让他休息，鲁班也就因此停工的缘故；山西永乐宫是由鲁班修建而成；四川大足山北山石像也是由鲁班雕刻而成。在鲁班的传说故事中，尤以修建的赵州桥的传说最为有名，这个传说在我国元代初期编集的《湖海新闻夷坚续志》（后集卷二）中就有相关记载。

一直以来土木工匠们都希望提高自己征服自然和改进手工技艺的能力，因此就把鲁班想象成具有神奇技艺和无穷智慧的匠师。我国民间在很早的时候就称颂鲁班的"巧"，说他所制造的木头鸟可以在天空中飞翔，木头人可以去参加劳作，他制造出来的灯台点燃了以后可以把海水分开，他甚至可以在一夜之间修建三座桥等等。

古时候工匠们对鲁班的崇敬之情在当时的民俗活动中也有显著的表现。在过去，木工、瓦工和石匠们都会尊奉鲁班为"祖师爷"，然后为他修建寺庙供奉。明代初年编写的有关土木工匠营造法式的书也被命名为《鲁班经》，书中还专门详细讲述了"鲁班仙师源流"的故事。不仅如此，鲁班传说在团结教育工匠方面，也起着极其重要的作用。

近年来，曲阜市委、市政府极为重视传统民间文学的研究和开发，还专门成立了鲁班文化研究促进会。研究促进会成立之后就迅速开展了一系列的研究活动，对非物质文化遗产的研究和保护做了众多的工作，也取得了很好的效果。曲阜鲁促会和与曲阜市文化局一起进行收集整理、结集出版了许多鲁班与曲阜的资料，发表了许多有价值的学术报告，意义重大。除此以外，还特意举办了纪念鲁班的诗歌朗诵会，对鲁班文化的保护和传承有着重要的促进意义。鲁班传说现已成功申报为第二批全国非物质文化遗产，在国家工商总局申请注册了"鲁班故里"、"鲁班文化"等六个方面59项商标，鲁班的文化研究和开发工作也取得了显著的成果。

　　鲁班传说申报非物质文化遗产成功了，可是鲁班文化研究促进会的工作人员并没有将它送进博物馆，而是希望在快速发展的今天，更好地将鲁班传说发扬光大。

巴拉根仓的故事

【非物质文化遗产百科名片】	遗产项目	巴拉根仓的故事
	所属地区	内蒙古自治区通辽市
	入围时间	2008 年
	传承意义	巴拉根仓的故事是一部充满积极进取精神的讽刺幽默故事集锦。它不仅是蒙古族人民集体智慧的结晶，同时也是蒙古族讽刺幽默故事的卓越代表，是蒙古族人民共同的宝贵的精神文化遗产。另外，巴拉根仓的故事不仅给人以思想上的启发，还具有鲜明的艺术特色。

　　巴拉根仓的故事是以巴拉根仓为主角的蒙古族民间讽刺幽默故事集锦。而主人公巴拉根仓这个人物并不是真实存在的，而是蒙古族劳动人民根据自己的想象虚构出来的一个理想人物，是聪明机智、幽默风趣的蒙古族劳动人民的代表。

　　巴拉根仓的故事是以巴拉根仓以机智幽默的"谎言"作为手段，通过对当时封建时期的官僚、财主、大喇嘛和奸商们的讽刺嘲笑，不仅表达了广大人民群众对他们的愤怒和憎恨之情，还寄予了人们对正义战胜邪恶的美好愿望。

其中"让王爷下轿"的故事内容就描述到：有一位王爷自认为自己尊贵不凡，聪明绝顶，于是就有意让巴拉根仓想办法将他骗下轿子。巴拉根仓听后笑着对王爷说道："这怎么行呢？我怎么能把王爷赶下轿子呢？如果王爷下了轿子的话，我倒是有办法可以让您上轿子。"王爷听后不禁在心中暗暗想道：巴拉根仓不过是一个平民，无论如何也不敢把我赶下轿子，除非请我上轿子，但是我要是坚持不上，他也拿我没办法。想到这，王爷就从轿子里下来了，可是当王爷的双脚一着地，巴拉根仓就高兴地说道："聪明的王爷，我这不是将你骗下轿子了吗？"王爷这才反应过来自己上当了，赶紧就又上了轿子。

羞愤不已的王爷急忙命令轿夫抬着轿子赶紧走，可是当轿夫把轿子抬起来的时候，巴拉根仓就大喊一声："站住！"王爷吓得以为出了什么事，赶紧让轿夫停下来。巴拉根仓见此哈哈大笑，他再一次让王爷上了当。这一系列的上轿、下轿、停轿，王爷完完全全地输给了巴拉根仓。

巴拉根仓的故事是根据蒙古族古老的民间故事《答兰胡达勒齐》(蒙古语，意为"能言善辩者"或"撒谎大王")演变出来的。巴拉根仓的故事起源于13—14世纪，在14—16世纪得以发展，最终于17—20世纪的时候形成。根据初步统计，巴拉根仓的故事大约有200多篇，其中大部分都是以反映农业文化出现以来的蒙古族社会生活为主。之后又在不同时期，多个地区和各个人群中流传发展开来，在其发展的过程当中，除了受到了蒙古族其他民间文艺的影响以外，还受到了印度和我国藏族民间故事的影响。巴拉根仓的故事的篇幅都比较简短，人物也少，语言通俗，分开来看的话，每一个故事都是首尾连贯的独立存在的故事，但是，每一个故事又可以串联成一个长篇的讽刺幽默故事。

巴拉根仓的故事起源于蒙古族的民间，主要反映了近代蒙古族农区和半农半牧区的社会生活，巴拉根仓是一位虚构的普通农牧民的人物形象。他身上具备了广大劳动人民敢于反叛的自由精神。每当和封建恶势力相对的时候，他都能用巧妙的方法取得胜利。因为，他充满了智慧，并且自始至终他都只有一个目的，那就是帮助广大弱小的人民。所以，巴拉根仓的形象是是一位正直的充满正义感的勇士。

巴拉根仓的故事最初是在蒙古族人民居住的地区广泛流传，它是蒙古族讽刺幽默故事的卓越代表，是蒙古族人民共同的宝贵的精神文化遗产。巴拉根仓的故事已经有着近千年的历史。1984年出版的芒·牧林先生搜集的《巴拉根仓故事集成》，是至今为止最丰富的故事集锦。时至今日，巴拉根仓的故事已经成功进入《自治区第一批非物质文化遗产名录》，近年来，也先后有不同的图册和视频方面的出版物出版。但是，这些都还远远不够，还需要进一步的努力发展。

巴拉根仓的故事是蒙古族人民宝贵的文化遗产，需要尽快抓紧时间采取更多有效的方法去进行保护和传承，从而让巴拉根仓的故事得以更广泛地流传。

徐文长故事

【非物质文化遗产百科名片】	遗产项目	徐文长故事
	所属地区	浙江省绍兴市
	入围时间	2008 年
	传承意义	在民间文学界中一直流传着"北有阿凡提，南有徐文长"的说法。徐文长故事是我国宝贵的民间文学作品，具有弥足珍贵的文学价值、史学价值和人文价值。

　　徐文长故事是经典的机智人物故事，在民间文学界中一直流传着"北有阿凡提，南有徐文长"的说法。

　　徐文长故事起源于明代中晚期，时至今日仍广受人民群众的传颂。民众根据历史人物徐文长的佚事趣闻，融入了诸多的机智人物故事类别，经过时间的积累，内容逐渐丰富，再经过民间的广泛流传，多次的收集整理，从而形成了一个庞大的故事集锦。经过初步估算，现存的徐文长故事大约有 335 篇。

　　徐文长故事中《捉弄张铁嘴》就表现了徐文长过人的聪明才智和爱打抱不平的性格：有一个盲人算命先生，人们都称他为张铁嘴，他凭着这张胡说八道的嘴，欺骗了很多人的钱财，徐文长知道以后就想找个机会好好教训一下他。

有一天天气很热，张铁嘴想要到一个村子去算命骗钱。他拿着探路的棍子，一个人慢慢地走着。徐文长看见以后，就从后面追了过去，故意热情地说："张先生，天气这么热，你一个人准备去哪儿啊？"张铁嘴一个人走路原本就觉得闷，见来了一个人搭话，虽然听声音不怎么熟悉，但还是很开心地回答道："我到前面的村子去替人算命。"徐文长说："刚好我也到那里去办点事，我们就一起走吧。来，我拉着你一起走。"张铁嘴见这个人如此热情，便赶紧答应了。接着又问道："你真是一个热心肠的人啊，你叫什么名字啊？"徐文长说："我姓都，大家都称呼我'都来看'。"张铁嘴说："都先生，今天真是谢谢你了！"

走了一会儿，两人来到了一条河边。徐文长说："天气这么热，我的衣服都被汗水弄湿了，我们不如到河里洗个澡再接着赶路吧。"张铁嘴有点为难地说："我眼睛看不见，替换的衣服又没有带，我看还是别洗了吧。"徐文长说："没关系，反正这里没有别人，我们把衣服脱光，然后放在树上晒一下，等我们洗完澡，衣服也就干了。"张铁嘴听他这么一说，觉得很有道理，就同意了。

徐文长站在旁边，等张铁嘴把衣服脱完，便赶忙说："我来帮你把这些衣服放到树上去吧，你先下水。"张铁嘴信以为真，就独自摸到了河里，一边洗澡一边说:"真凉快啊!"他洗了一会儿,没有听到徐文长的声音,就有点奇怪,便喊道:"都先生,你在干什么呢?你怎么还不下来洗澡啊?"依然没有声音。张铁嘴立马慌了,赶紧大声喊着:"都先生,都来看,你快把衣服还给我。"一边就赤裸着身体爬上了岸边,村里的人听见有人喊"都来看",有几个爱看热闹的人便赶忙跑了过去。看到张铁嘴光着身子站在那里,便奇怪地相互议论说:"这个骗人的瞎子是不是疯了啊?"人群中有人曾被他骗过,一看张铁嘴原来是一个疯子,便生气地往地上吐了一口吐沫,转身走了。

原来,徐文长见张铁嘴下了河,便抱着他的衣服溜走了。张铁嘴仍然站在那里喊着:"都来看,都来看!"可是却没有人去理他,最后他只好一个凭着记忆,独自摸回了家,从此以后,再也没有人去请他算命了。

徐文长故事是以明代中晚期的历史为背景,从徐文长少年时代的传说故事《竿上取物》开始,一直叙说到他临终前的遗言《化千成万宝中宝》为止。整个故事内容包括了:惩治土豪财主、抗击倭寇的丰功伟绩;出色的诗词、对联和书画;解决疑难问题的智慧和谋略;对敌人的讽刺嘲笑;对朋友和弱势群体的保护等等。从这些故事中凸显出徐文长的突出才智和"威武不能屈,富贵不能淫,贫贱不能移"的个性。

徐文长故事还具备了以下几个特征:历史悠久,有着将近400多年的传承历史;地域广泛,不仅仅在绍兴市属全境流传,还辐射到整个江、浙、沪乃至海外华人居住的地方;内容丰富多彩,多方面展现了徐文长的聪明机警、诙谐幽默、惩恶扬善、藐视权贵等个性;形式多样,流传的地点和方式也具有多样随意性。

徐文长故事不仅具备重要的民间文学价值,同时还为传记文学和历史研究提供了诸多的参考资料。徐文长故事的价值主要表现在以下几个方面:

第一个方面,文学价值。徐文长故事不仅仅是民间文学的热门题材,同时还是诗歌、散文、小说、电影和戏剧等文艺种类创作和改编的热门题材。

第二个方面,史学价值。民间流传的徐文长故事,对于绘画史、书法史、抗倭史、楹联史、科举史、典当史、航运史都具有一定的研究参考价值,并提供了许多宝贵的参考资料。

第三个方面,人文价值。徐文长故事的广泛流传,从而将历史人物徐文长和当地一定的历史事件、文物古迹、自然风光和社会风俗相结合,反映了当地的民风民情。这对绍兴的地域文化和民俗学的研究具有很高的参考价值。

由于现代文化的不断冲击,徐文长故事的传承者也在不断减少。随着社会的不断发展,现代传媒手段的不断丰富,给民间故事带来了很大的冲击。因此,要加快速度对徐文长故事进行一系列的抢救保护措施,使其得以更好的传承。

尧的传说

【非物质文化遗产百科名片】	遗产项目	尧的传说
	所属地区	山西省绛县
	入围时间	2008 年
	传承意义	尧是我国远古时期杰出的人物代表之一,五帝之一的尧和他的子民是中华文明的重要开创者。尧不仅是伦理道德方面的理想人格代表,同时还是治国平天下的君主模范。

我国是世界上公认的文明古国之一,有着五千年的灿烂文化和悠久历史。尧是我国古代传说中的帝王,后人传说他号陶唐,姓伊祁,所以又名为唐尧。而在《尚书》和《史记》中的记载都说他名叫放勋。相传尧的父亲是帝,母亲是陈锋氏女。帝是黄帝的曾孙,在位共有 70 年的时间,帝死后由尧的同父异母兄弟挚继位。挚在位时间共有 9 年,可是由于他不善于处理朝政事务,所以最后让位于尧。

根据晋皇甫谧《帝王世纪》中的记载:"尧都平阳,于《诗》为唐国"。说的就是尧当时将京都建立在平阳这个地方。所以以后的历朝历代都有"尧都平阳"的说法。平阳也就今天的山西临汾市,《诗经》中所说的唐国也就是在如今的山西境内。如今的临汾市内仍然尚存始建于晋代的尧庙,以及唐代修筑的尧陵等等。

尧的品质和才能是卓越非凡的，所以尧继位以后，整个朝政的局面发生了巨大的变化，例如：举荐本族才能兼备的贤者，首先让族人之间相互紧密团结，做到"九族既睦"；然后又开始考察文武百官的政绩，区分高下，逐一进行奖励措施和惩罚措施，从而让政务变得井然有序；最后又十分注意协调各个邦族之间的关系，教育老百姓们彼此要和睦相处，因此当时的社会呈现出一片天下安宁，政治清明，世风祥和的局面。

相传在尧的时代，首次制定出了历法，如此一来，当时的劳动人民就可以依照时节来从事生产劳动，不会耽误农时季节。汉民族是农业垦殖历史最为悠久的民族，对农时非常的重视，在《尚书·尧典》一书中对此有详细的记载。根据《尚书·尧典》中的记载：尧命令羲氏、和氏根据日月星辰的运行情况制定历法，然后颁布天下，使农业生产有所依循，因此叫"敬授民时"；命令羲仲住在东方海滨叫旸谷的地方，观察日出的情况，以昼夜平分的那天作为春分，并参考明星的位置来进行逐一的校正；命令羲叔住在叫明都的地方，观察太阳由北向南移动的情况，以白昼时间最长的那天为夏至，并参考火星的位置来进行逐一的校正；命令和仲住在西方叫昧谷的地方，观察日落的情况，以昼夜平分的那天作为秋分，并参考虚星的位置来进行逐一的校正；最后又命令和叔住在北方叫幽都的地方，观察太阳由南向北移动的情况，以白昼最短的那天作为冬至，并参考昴星的位置来进行逐一的校正。

最后当春分、秋分、夏至、冬至被确定以后，尧决定用 366 天为一年，每三年的时候再添加一个闰月，并且用闰月来调整历法和四季的关系，从而让每年的农时都能够准确无误。由此可见，古人将帝和尧的时代当作是农耕文化出现并有着突飞猛进的时代。

其实，尧的时代又是传说中的洪水时期。当时经常是水势迅猛，奔腾而至，淹没了山丘，危害天下的百姓，让人们无法正常生活。

对此，尧感到十分的焦急，并征询了四方诸侯首领的意见，问谁可以治理水患，四方的诸侯首领一致推荐了鲧。尧觉得鲧这个人不是一个靠谱的人，经常会违抗别人的命令，还时常危害本族人民的利益，所以不适合承担治理水患这样一项极为重要的工作。可是四方的诸侯首领坚持要让鲧去试一试，说如果真的不行，再免去他的职务也不迟。

于是尧就命令鲧去治理水患，鲧在治理水患的9年时间里，没有做出任何的成绩。这是有关尧的传说中，政治上所出现的一次重要失误，当然类似于这样的不足之处还有一些，总之尧的时代也并非是十全十美，所以后来又有了舜的一番励精图治。

在我国古代的众多古籍文献中，还有有关尧擅长武功的传说——文治武功兼备，才可以证明尧是我国远古时期杰出的人物。

《吕氏春秋·召类篇》中记载：尧战于丹水之浦，以服南蛮。这就说明尧曾经征讨过南方的邦族，并亲自出征作战。

《淮南子·本经训》中记载：尧之时，十日并出，焦禾稼，杀草木，而民无所食。猰貐、凿齿、九婴、大风、封豨、修蛇皆为民害。说明尧曾经派后羿将那些出没的野兽杀死，还射落了九个太阳。

据说人民对尧为民除害的举措非常感激，所以都一致拥立他为天子。后羿射下九个太阳的故事是一个远古时期的神话，里面含有称颂尧为民除害的意思，间接表明尧治理国家有方法，不仅文治贤明，而起武功还非常厉害。

尧的传说中最为人们所称颂的，就是他不将帝位传位给自己的儿子而是传位给一位贤人，也就是禅位给舜，不把天子的位置当成是自己私人拥有的东西。尧在位70年，感觉到有必要去选择一位继承者。他很早的时候就认为自己的儿子丹朱凶劣顽皮不足以任用，所以在和四方诸侯的首领商量以后，请他们推荐人选。四方诸侯的首领就推荐了舜，说舜是一位非常有孝行的人，家庭关系处理得也非常妥善，并且还能感化家人，让他们弃恶从善。尧在听完四方诸侯首领的话以后，决定先考察一番，然后再做决定。

尧决定把自己的两个女儿娥皇、女英嫁给舜，然后从两个女儿那里去考察舜的德行，看他是否能很好地处理家政。舜和娥皇、女英住在沩水河边，依照礼节去做事，娥皇和女英都对舜十分的倾心，尽心协助舜处理家事。尧又派舜负责推行德教，舜就教导臣民们要以"五典"——即父义、母慈、兄友、弟恭、子孝这五种美德指导自己的行为，臣民们都非常乐意听从舜的教诲，也都普遍依照舜的"五典"去做事。然后尧又让舜总管文武百官，处理日常的政务，文武百官都服从舜的指挥，百事振兴，没有一个有荒废的，显得格外井井有条，有条不紊。不仅如此，尧还让舜在明堂的四门，负责接待四方前来朝见的各路诸侯。舜也和前来朝见的诸侯们相处得很好，这也使得诸侯们都和睦友好。远方来朝见的诸侯宾客们，也都十分敬重舜。

最后，尧让舜独自一人去山麓的森林里，去接受大自然的考验。舜在暴风雷雨中，能够没有迷失方向，依然行路，显示出了极强的生活能力。就这样在经过了三年的各种各样的考察以后，尧觉得舜这个人说话办事十分成熟可靠，而起还能够建立一些业绩，于是就决定将帝位禅让给舜。最后尧在正月初一这一天，在太庙举行了禅位典礼，正式将帝位禅让给舜。尧在退位的 28 年以后去世。尧去世以后，当时的百姓十分悲痛，犹如自己的父母去世一般，在尧去世的三年时间里，全国上下都没有举行任何一场乐事，人们用这种方式来表达对尧的思念。由此可见，人们对尧的怀念之情是多么深切真挚。

早在先秦时期，儒家和墨家两个学派最有势力，号称是"显学"，两家都以尧舜为号召。从那个时候开始，尧就成为了古代的圣王，不仅是伦理道德方面的理想人格代表，同时还是治国平天下的君主模范。孔子曾说过："大哉尧之为君也！巍巍乎！唯天为大，唯尧则之。荡荡乎，民无能名焉。巍巍乎其有成功也，焕乎其有文章！"孔子对尧的这种赞美，也随着儒家在中国文化传统中的地位日趋重要，而更加深入人心。后来儒家学派就以"祖述尧舜，宪章文武"为标志；到了唐代韩愈以至于宋明时期的理学，都极力地提倡"道统"的说法，尧至此也成了儒家精神上的始祖。在我国的整个封建时代，也从未有过任何人怀疑过尧在历史上的存在和他所创下的丰功伟绩。

到了本世纪 20 年代的时候，在"五四"新思潮的推动下出现了疑古学派，其中的代表人物顾颉刚就认为，《尚书》中的《尧典》不可靠，因为《尧典》一文是出现在战国时期，所以在《论语》中对尧舜的记载是最早的，由此可见，尧舜的传说是出现在东周末年，尧、舜、禹的关系和禅让的事迹，都是后人逐渐编造完善的。春秋初年，人们所知道的最古老的帝王是禹，而没有尧舜。所以尧就像钱玄同所说的那样，一定是虚构出来的人物，根本不可能是我国真实的历史人物。

然而随着马克思主义的史学兴起，运用唯物史观和社会发展史的一般规律来研究关于尧的传说，指出了尧的时代是原始社会向奴隶社会的过渡时期，这个时候的血缘性氏族部落已经结成了部落联盟，而尧是由部落联盟议事之后所推选出来的联盟首领。传说中尧和四方诸侯首领在讨论治理水患的人选和继任帝位人选，都在一定程度上反映了部落联盟议事会的整个情景，而尧禅让帝位给舜，也是原始社会民主作风的一个表现。恩格斯曾经也说过，在这个阶段下每个文化民族都需要经历自己的英雄时代，所以尧和舜以及禹都是华夏民族的英雄人物代表。

根据我国民间的历代相传和有关古籍文献的记载，尧出生在涑水河畔，中条山北麓两沟三岭之前，离绛县城4公里的古老村庄——尧寓村。这个村子里面有"陶唐遗风"的石匾、"巍严配天"的石匾、"创建寨记"的石碑、"古驿道碑"等文物记载可以作为研究考证。还有像东尧岭的"尧王庙"、西尧岭的全神庙、村前有尧、舜、禹"三官庙"和中尧岭的尧王出生的密洞，村内还有"娥皇庙"、"女英庙"等一些古遗址。在东、西尧岭有新石器时代文化、仰韶文化和龙山文化等遗址，还有很多有关尧的传说，例如有关他曾经坐过的石椅、用过的石桌、尧王洗澡潭、尧王祭天坛、尧王点将台、尧王祭天塔、南天门、锅锅门、青龙岗等很多的遗址，每一个地方都流传有尧的传说，并且每一个传说故事都十分动人。

另外，近年来在尧寓村出土的和保存的古文物就有数百件之多，像石锄、石铲、石斧、石锛、石刀等。还有陶碗、陶鬲、陶盘、陶瓶、陶杯、陶斛等等。除此之外，许多的地下文物还有待人们的进一步发掘。

不仅如此，如今依然在我国民间保存和流传的民俗、歌谣中，依旧传颂着"尧天舜日"时代的美好文化生活：像《尧王兴拜年》、《埋人的说法》、《娥皇女英拜寿》，特别是"垚、尧"字的演变，都是我国珍贵的文化遗产。值得庆幸的是，2006年，"尧王故里传说"被国家公布为"山西省第一批省级非物质文化遗产"。2008年，入选第二批"国家级非物质文化遗产"名录。希望随着尧的传说的申遗成功，能够进一步将尧的传说传承并发扬光大。

第二章
神话传说

麒麟传说

遗产项目	麒麟传说
所属地区	山东省巨野县
入围时间	2008 年
传承意义	麒麟传说距今已经有上千年的历史，可以说是妇孺皆知，耳熟能详，时至今日麒麟传说已经演化成为一种吉祥文化。麒麟传说起源于民间，并扎根发展于民间，是极富地方特色和民族特色的文学作品，其中饱含了劳动人民朴素真挚的情感和丰富的想象力，具备了宝贵的民间文学价值和人类学、民族学、民俗学研究素材的特殊价值。

【非物质文化遗产百科名片】

麒麟，是我国民族传说中的神性和祥瑞动物，是集各民族具有图腾意义的动物优点于一身的灵兽，是各个民族顶礼膜拜的图腾美的集合。它不仅仅是国泰民安、吉祥和谐的象征，而且还是中华民族融合团结的标志。这在一定程度上反映了麒麟在我国人民群众心理上的重要地位，还深刻体现了深厚的"天人合一"的思想。麒麟已经成为了我国人民群众生活中永存的吉祥物代表。

麒麟传说在巨野流传得十分广泛，主要的内容就有"牛生麒麟"、"麟山产麟"、"孔母梦麟"、"麒麟送子"、"麒麟显灵"等 20 多种。其中故事的表达形式十分多样,有故事,有诗词,有民谣,有歌舞,也有民俗等等。麒麟传说正逐渐演变成为一种麒麟文化,并开始渗入到社会政治、经济、文化、艺术和生活的各个领域,不仅是中华各个民族所共有的一种吉祥物,同时还被儒家、道教各家所认同,并被社会各个阶层所接受,甚至还影响到日本、韩国以及东南亚多个国家和地区。麒麟传说的广泛传播性和强烈渗透性是其他吉祥物所无法比拟的。麒麟传说可以说是代表了中国五千年传统的文化,是中华民族融合百家精华、独树一帜的文化。

　　其中"麒麟送子"和"牛生麒麟"这两个故事流传最广:相传孔子的母亲颜氏,怀胎十月,有一天路过尼山的时候,忽然感到腹内疼痛不已,似乎将要分娩了。恰逢此时天空一阵声响,只见一个独角麒麟驮着一个孩子,乘着五彩祥云从天而降。这个时候,四周祥瑞遍布,红光满天,那只独角麒麟撞进了颜氏的怀里,孔子也就降生了。到了鲁哀公十四年,武城(今嘉祥)的一个老农拉着一头黄牛准备去田里劳作的时候,黄牛忽然生下了一个小犊,这个小犊长得既不像猪,也不像牛;头上长着一只独角,可是又不是鹿的模样;身上有麟,可是看起来也不是龙的模样,整个就是一个"四不像"。

　　"四不像"生下来没多久,就站起来把旁边的犁镜和犁铧头给全部吃了下去。老农户见此非常害怕,就急忙请"四不像"去别的地方,"四不像"点点头,然后就独自走了。其

实,这个所谓的"四不像"就是传说中的麒麟。

在同一年,鲁哀公去武城以西20多里的地方打猎,不小心就把那只麒麟给射死了,可是当时没人知道这是一只什么动物,于是就请来了在南武城的孔子让他来辨认。孔子来了之后见是一只麒麟,感到非常痛心,对着众人说:"这是一只麒麟,麒麟是一只神兽啊。"说完就痛哭不已,大声喊道:"这下坏了,这下坏了!"原来根据传说所述:麒麟出现就表示有圣人出现,麒麟死了就表示圣人也会随之灭亡。孔子看到麒麟已经被射死,感到这对自己是一种预示,是一种不祥之兆,自己想必也命不久矣,便从此停笔,不再对《春秋》进行编纂。没过多久,孔子就去世了。尽管如此,世称"麟凤龟龙"四大灵兽之一的麒麟,能够在武城这个地方出现,人们也认定这是一种非常好的兆头,便由此取了其嘉美祥瑞的意思,将武城改名为嘉祥。

麒麟传说历史悠久,在嘉祥县已经流传了将近千百年,可以说是老幼皆知。麒麟传说不仅仅表达了人们对吉祥、美好生活愿望的追求,并且已经由一种传说故事演变成为一种富有民俗特色的文化现象,这种文化现象被古今中外的学者称为吉祥文化。嘉祥当地随处可见麒麟的影子,嘉祥县的县标是麒麟,城区有获麟街、呈祥街、获麟园、麒麟院、麒麟海鲜城、麒麟轩大酒店等很多和麒麟有关的名称字号,不仅如此,连嘉祥电视台的台标都是麒麟,原来的县报也叫《获麟报》。另外还有记载着风土人情和古今轶事的著作有《麟乡春秋》,当地的石雕艺术和剪纸艺术也大都是以麒麟为题材。

麒麟传说起源于民间,并深深扎根在民间,受到了人民群众的广泛称赞,是极富地方特色和民族特色的文学作品。这里面饱含了我国劳动人民真挚朴素的情感和丰富的想象力,具有非常宝贵的民间文学价值。麒麟传说是我国民族传统文化的一种突出表现形式,代表了中国人所特有的一种精神和理想所在,具备了宝贵的民间文学价值和人类学、民族学、民俗学研究素材的特殊价值。

随着社会经济的快速蓬勃发展,麒麟传说也受到了强烈的冲击,当今的青少年们更热衷于追求时尚娱乐,而对传统的民间故事传说却很少问津,随着时间的推移,那些讲述麒麟传说的人也越来越少。再加上麒麟传说扎根于民间,搜集、整理的工作十分艰巨。因此,麒麟传说目前已经是处于一种濒危的状态,需要采取一些有效的手段去进行抢救和保护。

为了能够让麒麟传说得以很好地传承,近年来嘉祥县的文化工作者们做了很多的工作,他们对麒麟传说的历史渊源所蕴涵的文化进行了专门仔细的研究考证,并且对不同版本的麒麟传说故事进行搜集、整理。在未来的一段时间里,他们还会采取各种措施去抢救保护麒麟传说的传承。加强对麒麟传说的资料整理、档案建立和新一代传承人的培养;组织开展理论研究工作,弄清楚麒麟传说的来源、内涵等各个方面的问题;另外还会建立一座麒麟公园,集中展示吉祥文化。除此之外,嘉祥县还会进一步开发各种有关麒麟文化的艺术品,希望以此去保证麒麟文化的精神和内涵能够得到发扬光大。2008 年 6 月,在国务院公布的第二批国家级非物质文化遗产名录上,嘉祥的麒麟传说榜上有名。

白蛇传传说

【非物质文化遗产百科名片】	遗产项目	白蛇传传说
	所属地区	浙江省杭州市、江苏省镇江市
	入围时间	2006 年
	传承意义	白蛇传传说又叫白娘子传奇、雷峰塔传奇等,是我国四大民间传说之一。白蛇传传说是我国民间文学里一颗璀璨耀眼的明珠,传说中所塑造的白娘子、许仙、小青和法海等众人物形象,表达了广大人民群众对人性解放的渴望之情,是中华民族珍贵的精神文化遗产。

白蛇传传说又叫白娘子传奇、雷峰塔传奇等,是我国四大民间传说之一。有关白蛇传的传说在我国可以说是家喻户晓、妇孺皆知。而杭州西湖的美景也因为白蛇传的传说更添一份凄美和神秘。

断桥相遇、游西湖借雨伞、饮雄黄酒现出原形、盗灵芝救许仙、水漫金山寺斗法海、镇压雷峰塔下等情节,一直都是人们对白蛇传传说的浪漫印象。再加上受了早年播放的影视剧《新白娘子传奇》的影响,这些故事片段在人们脑海中更加印象深刻。但是,作为古老的民间传说,白蛇传的故事版本却更加丰富多彩,情节也有不同的版本,有关白蛇故事的影视创作其实仅仅只是白蛇传传说的一个缩影。

白蛇传传说起源于一千多年前的北宋时期，在我国家喻户晓、妇孺皆知，是我国民间四大传说之一。白蛇传传说主要讲述的是：有一条修炼千年的蛇妖名叫白素贞，还有一条青蛇精名叫小青，是她的同伴。白素贞为了报答书生许仙前世的救命之恩，就在修炼成人以后嫁给了许仙。金山寺的和尚法海发现白素贞是一条蛇妖，于是就告诉了许仙，许仙听后就起了疑心。之后白素贞无意喝了雄黄酒现出了原形，不小心将许仙吓死。白素贞伤心之余决定上天庭偷取灵芝仙草救活许仙。

不死心的法海设计将许仙骗到了金山寺关了起来，此时的白素贞已身怀有孕，在苦苦哀求法海无果之后，只得和小青一起同法海斗法。三人斗法期间，白素贞迫不得已水漫金山寺，也因此触犯了天条。白素贞在生下孩子以后，被法海镇压在雷峰塔下。后来白素贞的儿子长大成人，并考取了状元，和小青一起将白素贞从雷峰塔下救了出来，许仙也从金山寺中被放了出来，全家至此得以团聚。

白蛇传传说经过民间口头文学和各类文艺的改变，呈现出多种艺术种类，这其中就包括歌谣、动漫、舞蹈、小说、戏剧、影视剧、故事、连环画等各种文艺形式的经典题材。同时，白蛇传传说的影响也在不断地扩大，遍及全国，甚至远及日本、朝鲜、越南、印度等多个国家。

白蛇传传说是中国民间文艺宝库的重要组成部分。其故事内容跌宕起伏，人物生动丰满，其中的白素贞更是我国民间艺术文化中一个经典的人物形象。不仅如此，白蛇传传说还具备了以下几条重要的价值：

　　第一个方面，历史价值。白蛇传传说中所反映出的南宋时期以来不同时期中的社会思想、信仰和价值观以及民族心理，都有着重要的历史参考价值。

　　第二个方面，人文价值。白蛇传传说中所体现出的民风民俗，也是十分的丰富的，这对了解整个江南的风土人情有着重要的研究参考价值。对于白蛇传传说主要的发生地杭州来说，白蛇传和断桥、雷峰塔和西湖等自然和人文景观形成了紧密的联系，这就赋予了杭州和西湖更为丰富的文化内涵。

　　白蛇传传说的另外一个重要发源地镇江。因为白蛇传传说故事中所描述的"端午惊变"这个情节，白素贞喝下雄黄酒现出原形，吓死许仙，上天庭偷取仙草，最后同法海斗法水漫金山寺等推动整个故事发展的重要情节，因此，在很多的老百姓家中，每年到了端午佳节，家家户户都会喝上一杯雄黄酒作为纪念。

　　其实，白蛇传传说不仅在中国是妇孺皆知，在国外也是广为传颂。白蛇传传说在几百年前就已经流传日本，1958年的时候日本还依据这个传说故事拍摄了第一部彩色长篇动画片《白蛇传》，据说日本的动画大师宫崎骏就是受到这部动画影片的影响，才走上动画之路。

　　遗憾的是，因为现代文化和传媒变革的强烈冲击，白蛇传传说的流传正在衰落，民间的传承者也在逐渐减少，并且后继乏人。很多和白蛇传传说有关的民间习俗也在年轻人中被淡忘，如何更好地保护和传承白蛇传传说，已经成为了一项紧迫而又重要的任务。

梁祝传说

【非物质文化遗产百科名片】	遗产项目	梁祝传说
	所属地区	浙江省宁波市
	入围时间	2006 年
	传承意义	梁祝传说所具备的文学性、艺术性和思想性是我国古代各类民间传说之首,是我国最具影响力的口头传承艺术,也是唯一一个在世界上产生巨大影响力的中国民间传说故事,并有着东方"罗密欧与朱丽叶"的美誉。

美丽动人的梁祝传说是我国古代经典的爱情故事之一，是经久不衰的千古佳话,是中国"四大民间传说"之一。梁祝传说最早产生于东晋时期的浙东一带,至今已有一千六百多年的历史,故事中梁山伯和祝英台至死不渝的爱情感动了无数男女、并让人们为他们的爱情动容、落泪,梁祝传说俨然已经成为了男女忠贞爱情的象征。

梁祝传说是一个美丽动人而又凄婉哀痛的故事。故事的主要内容是:祝家庄祝员外的爱女祝英台,女扮男装远赴杭州求学,途中遇到了也是前往杭州求学的书生梁山伯,于是二人就决定结伴同行。求学期间两人形影不离,结下了深厚的情义。三年后祝英台学成准备回到祝家庄,梁山伯在送祝英台的时候,祝英台多次向他提示自己是女儿之身,无奈梁山伯为人老实忠厚，听不出祝英台的话外之音。

两年之后，梁山伯前往祝家庄寻访祝英台的时候，才知道祝英台原来是一位聪明美丽的女子，于是急忙回到家中告知父母，希望迎娶祝英台为妻，可是这个时候的祝英台已经由父母做主许配给了马家，梁山伯知道以后后悔不已，抑郁成疾，一病不起，不久就离开人世。祝英台得知梁山伯死迅后悲痛不已，在出嫁经过梁山伯墓穴的时候，祝英台在梁山伯墓前失声痛哭，情意感天动地，只见这个时候梁山伯的墓穴忽然裂开了一道口子，祝英台毫不犹豫纵身跳入其中，同穴而死，之后两个人双双化作蝴蝶飞舞离去，终日相守在一起。

梁祝传说是我国民间四大传说之一，是经久不衰的千古佳话，是中华文化的一块珍宝。几千年来，梁祝故事以提倡求知、崇尚爱情和歌颂生命生生不息的鲜明主题深深打动着人们的心灵。传说中曲折动人的情节、爱憎分明的人物性格、巧妙的故事结构都深受广大人民群众的喜爱。梁祝传说故事和与其相关的其他艺术形式所表现出来的艺术魅力，使其成为了我国民间文学艺术的代表。

梁祝传说自晋代形成以来，主要流传的地方有宁波、上虞、杭州、宜兴、济宁、汝南等地，同时还辐射至我国的各个地区以及各个民族。在梁祝传说的广泛流传过程中，各地的人民群众又不断地丰富发展梁祝传说的内容，甚至还修建了许多以梁祝传说为主题的墓碑和寺庙等建筑物。除此以外，梁祝传说还远及朝鲜、越南、缅甸、日本、新加坡和印度尼西亚等各个国家，其巨大的影响力是中国民间传说中极为罕见的。

梁祝传说历史悠久，有着 1600 多年的历史。并且极具江南地方特色，有的是烟雨细柳、泛舟湖上、书生女子，这种柔美细腻的艺术形式，不仅仅反映出了江南百姓的审美心理特点，同时也显示了梁祝传说产生的地域环境特色。除此之外，梁祝传说巧妙的故事情节还表达了人们对于忠贞爱情的追求，其优美独特的艺术魅力也让其在流传过程中被其他诸多艺术形式接受，例如故事、歌谣、戏剧、音乐、影视剧、民俗、小说等等。

丰富多样的表现形式以及各种艺术的不同特点，让梁祝传说形成了形式多样、内容不同的传说版本，这在一定程度上也让梁祝传说的内容更加丰富多彩，并在民间得以广泛流传，以致成为了我国最具影响力的口头和非物质文化艺术之一。从而形成了涉及文学、艺术、手工艺、礼仪、民俗、信仰等多方面的梁祝文化。长此以往，梁祝传说和与其相关的其他艺术形式，还演变成了梁祝民俗文化和婚俗文化等。另外，梁祝传说的表现形式也可以更加的丰富多彩，以便使其成为宁波文化产业中的可持续发展，最终具备了良好的社会效益和经济效益的世界品牌。

可是，最近 20 多年来，梁祝传说和其他口头文学以及非物质文化遗产一样，不可避免地受到了现代化和城市化的强烈冲击，正面临着难以传承的困境。伴随着梁祝传说原有的口头传承人的相继离世，当下的青少年追求时尚娱乐的局面，梁祝传说已经面临了断代的危险，急需采取有效的措施去进行抢救、保护和传承，让梁祝传说这一优秀的民间文化得以发扬光大，让全世界的人们都被梁祝文化的魅力所吸引。

牛郎织女传说

【非物质文化遗产百科名片】	遗产项目	牛郎织女传说
	所属地区	陕西省西安市
	入围时间	2008 年
	传承意义	牛郎织女传说是我国最经典的民间传说之一，是我国人民最早关于星座的故事。同时，还是我国民间流传时间最早，影响最为广泛的传说，在我国民间文学史上有着极其重要的地位。

　　牛郎织女传说讲述的是一个美丽凄婉、千古流传的爱情故事，是我国民间四大爱情传说之一。每年农历的七月七日，相传就是牛郎和织女在鹊桥相会的日子，女孩子们也会在这个时候仰望天空，寻找银河两边的牛郎星和织女星，希望能看到他们一年一度难得的相会，乞求上天能让自己像织女一样心灵手巧，并祈祷自己能够有一个幸福美满的姻缘，因此就有了七夕节。

　　相传很久很久以前，在南阳城西的牛家庄里有一位忠厚老实的小伙子，名叫牛郎。牛郎很小的时候父母就双双离世，只得跟着哥哥嫂子一起生活，然而却经常受到哥哥嫂子的虐待。后来哥哥嫂子分给牛郎一头老牛，让他独自生活。却没想这条老牛原来是天上的金牛星变化而成。有一天,老牛忽然开口说话了,他对牛郎说:天上的织女和别的仙女要到银河去洗澡(那个时候天地混沌初开,银河和人间相距不远),让牛郎趁她们洗澡的机会,偷偷把织女的衣服偷走,这样就可以迎娶织女做自己的妻子。

牛郎听完之后,就悄悄地来到了银河岸边的芦苇丛中躲了起来,等着织女和仙女们的到来。终于有一天,织女和仙女们果然来到了银河,脱下了衣服,然后在银河中嬉戏沐浴。这个时候牛郎从芦苇丛中跑了出来,并且从一堆衣服中偷偷拿走了织女的衣服,受到惊吓的仙女们赶紧上岸穿上自己的衣服飞走了,只剩下没有衣服穿的织女独自待在河中。牛郎要织女答应做他的妻子才肯把衣服还给她。织女对这位诚实直率的少年有了好感,于是就答应了牛郎的要求。

牛郎和织女成婚以后,过起了男耕女织,相亲相爱的日子,生活十分幸福美满。两人还生下了一双子女。可是,那头老牛却要死了,临死之前老牛告诉牛郎:"我死了以后,你一定要把我的皮给留下来,如果遇到什么紧急的事情就把我的牛皮披上,它会帮助你的。"老牛死了以后,牛郎和织女忍痛剥下了牛皮,将牛埋到了后山的山坡上。

织女原本是玉皇大帝的女儿,玉皇大帝和王母娘娘得知织女私自在凡间和一个凡人成亲,非常生气,就命令天兵天将下凡把织女带回天庭。

天兵天将下凡的时候刚好牛郎不在家，就把织女带回了天庭。牛郎回家之后找不到织女，就去银河寻找，可是银河也不见了，原来银河也被王母娘娘施了法力搬到天上去了。牛郎和两个孩子只得在家中痛哭不已，伤心中忽然想起了老牛临死前所说的话，于是赶忙披上牛皮，并用一担箩筐挑起两个孩子，一出门就飞了起来，并且越飞越快，终于来到了天上银河的一边，而织女就是银河的另一边，两个孩子看到织女大声地喊着妈妈，牛郎也是悲喜不已。

王母娘娘见此，更为生气，于是拔下了头上的玉簪在银河上轻轻一划，银河立刻就变成了波涛汹涌的天河，牛郎和织女被隔在了河的两岸，只能相对痛哭。他们之间的忠贞爱情感动了喜鹊，于是飞来了千万只喜鹊，搭成了一座鹊桥，让牛郎和织女得以在鹊桥上相会，王母娘娘见此也有所动容，就答应牛郎织女每年七月七日在鹊桥上相会。

从此以后，每年农历的七月七日，相传就成为了牛郎和织女一年一次相会的节日。人们称这一天为"七夕节"，也就是中国的情人节。

牛郎织女传说是我国民间传统文化的代表作，是一份极其珍贵的文化资源和文化资本，文化价值巨大，主要表现在以下几个方面：

第一个方面，文化审美价值。牛郎织女传说是农耕经济的产物，具有浓郁的民风。另外，牛郎织女传说还和当地的山川景色、古迹建筑相互融合，让人们在感叹先人的奇思妙想和大自然的鬼斧神工以外，还犹如置身于天人合一的境界当中。

牛郎织女传说原本就是极为罕见的艺术创作，具备了独一无二的艺术技巧和艺术形式，能深深打动人们的心灵，触动人们的情感。再加上其广为流传、版本繁多，人物情节多样，因此也演变出了许多的文化艺术创作原型和素材，这也为新的艺术创作提供了源流，相信伴随着牛郎织女文化的进一步挖掘和创新，将会衍生出更多影视剧、小说、戏剧和舞蹈等优秀的文艺作品，从而增强其文化审美的价值。

第二个方面，历史文化价值。牛郎织女传说中深深蕴涵了沂源先民的文化基因和精神特质。在文化多样性逐渐受到强烈冲击的全球一体化的潜在威胁之下，如何保证民族特性和民族精神的代代相传，是每一个民族都难以回避的首要任务，而非物质文化遗产作为人类文化传递和保存的有效手段和载体，是能够很好地将民族精神等相关文化信息传递下去的，最终创造出一个有独特文化和崇高民族精神的伟大民族，对此，牛郎织女传说也同样应该肩负起这个神圣的使命。

第三个方面，科学研究价值。从 2006 年以来，有关方面就开始对沂源的牛郎织女传说进行系统全面的调查和研究，之后，许多民间文化研究的学者也开始到织女洞和牛郎官庄进行研究考证，再到之后召开的全国牛郎织女传说学术研讨会和编辑出版的"中国牛郎织女传说"系列丛书、《爱的圣地·沂源卷》等资料文献，成立了中国牛郎织女传说研究中心，这一系列的学术研究活动和众多专家学者的热心加入，都在很大程度上对牛郎织女传说的宣传起到了重要的作用。

第四个方面，文化产业价值。文化产业是我国新兴的产业，蕴藏着巨大的潜力。根据牛郎织女传说而衍生出来的"七夕节"，伴随着牛郎织女非物质文化遗产的不断宣传和发掘，更加受到了人们的喜爱和关注。除此之外，牛郎织女传说中丰富的节庆内容和节庆习俗，也蕴含了巨大的商机。

第五个方面，社会和谐价值。牛郎织女传说中包涵了许多的如勤劳勇敢、善良坚强和、敢于追求幸福生活、忠于爱情等、守护亲情等传统文化内涵。在保护和传承这一传统文化内涵的过程中，展示、宣传里面美好善良的伦理道德资源和内容，将会在更大程度上帮助我们创建和谐的社会主义。

2007 年 1 月 17 日，牛郎织女传说被列入了省政府批准的第一批省级非物质文化遗产目录。2008年3月份，第二批国家级非物质文化遗产也进入了公示期，而牛郎织女传说也在名单当中。2008年6月7日，国务院正式将沂源县与山西省和顺县申报的牛郎织女传说列入了第二批国家级非物质文化遗产名录当中。牛郎织女传说能够申报非物质文化遗产成功，这对抢救、保护和传承我国民间文化遗产有着极为重要的促进意义。

孟姜女传说

【非物质文化遗产百科名片】	遗产项目	孟姜女传说
	所属地区	山东省淄博市
	入围时间	2006年
	传承意义	孟姜女传说是我国古代四大爱情传奇之一，两千多年来一直广为流传，在我国可以说是家喻户晓、妇孺皆知。时至今日，博山中老年妇女仍然是长歌代哭，以孟姜女的传统曲调来寄托哀思。同时，孟姜女式的哭腔在我国农村也是广为流传，已然形成了一种哭文化。

"正月里来正月正，家家户户挂红灯，人家过年团团聚，孟姜女的丈夫去修长城……"这首从正月一直唱到腊月，讲述孟姜女哭长城的歌谣，在我国民间广为流传。孟姜女传说以故事、小说、戏剧、影视剧等多种艺术形式在我国许多地区流传，有着悠久的历史，可以说是家喻户晓、妇孺皆知。

据说在很久很久以前,秦始皇下令征集80万人修筑万里长城。官府接到命令以后就四处抓人,被抓去的人都是不分昼夜地修筑长城,许多人都累死在长城上。

苏州有一名书生名叫万喜良,为了躲避官府的抓捕,不得已四处躲藏。有一天,他意外地躲到了孟家的花园中,无意中碰到了孟家的女儿孟姜女。孟姜女生美丽端庄,且聪明善良,孟姜女见万喜良一介书生,十分狼狈,就和父母一起把他藏了起来。孟姜女的父母十分喜爱万喜良,于是就做主将孟姜女许配给万喜良为妻。

孟姜女和万喜良成婚过后没几天,万喜良就被官府的人找到并抓去修筑长城了。孟姜女伤心不已,只得在家中苦苦等待丈夫的归来。一转眼半年过去了,万喜良还是一点消息也没有。这个时候已经是深秋季节,天气也开始逐渐变冷了。孟姜女想到丈夫还远在北方修筑长城,一定是寒冷难耐,就亲手缝制了几件御寒的衣服,准备远赴北方的万里长城去寻找万喜良。

在远赴北方的途中,孟姜女不知遇到了多少艰难困苦,可她都坚持了

下来，最终来到了长城脚下。可是没想到其他修筑长城的工人告诉她，万喜良早已经死了，并且尸骨也被埋进了城墙里面。听到这个消息以后，孟姜女顿时觉得心痛难耐，一下子就昏了过去，醒来之后，她不禁痛哭起来，直哭得天昏地暗、日月无光。也不知哭了多久，忽然听到一阵剧烈的声响，长城崩塌了几十里，露出了许多的尸骨。孟姜女咬破自己的手指，把血滴在一具具的尸骨上面，她在心里暗暗祈祷如果是万喜良的尸骨，血就会自己渗入到骨头里面，如果不是，血就会向四周流去。最终，孟姜女通过这种方法找到了万喜良的尸骨，她抱着丈夫的尸骨，再一次伤心地痛哭不已。

秦始皇听闻了这件事以后，就命人将孟姜女带到了宫殿，当他看到孟姜女的美丽容貌以后，就想要让孟姜女做自己的妃子。万般无奈的孟姜女只得假意答应了，但是她却向秦始皇提出了几个要求：就是请和尚给万喜良念七七四十九天的经，然后再把他好好进行安葬，并且秦始皇还要亲自率领文武百官哭祭万喜良，万喜良安葬之后，孟姜女还要去四处游玩，直到三天过后才可以成亲。秦始皇只好同意了孟姜女的这些要求。可是万万没想到的是，事情办完以后，孟姜女却对着秦始皇痛骂不已，然后跳入大海身亡。

孟姜女传说的故事感人肺腑，令人闻之落泪。孟姜女的形象也表现了我国古代妇女忠贞、善良、勇敢和执著的优良品质，深受人们的敬佩和颂扬，通过对孟姜女形象的解读，人们深刻认识到战争所带给人们的悲惨命运。孟姜女传说的故事就像望夫山和望夫石一样深刻表达了我国古代劳动妇女对战争的痛恨之情，是依据史实为基础而建立起的带有神秘色彩的悲壮之歌，因此具有广泛的群众性和巨大的影响力。除此之外，孟姜女传说还体现出了突出的地域文化特色和民族特色，具有了重要的学术价值、思想价值和文化价值。

孟姜女传说的故事起源于民间，并在民间流传发展，从而成为了民族优秀传统文化的重要组成部分，这对于民间文学的发展起着重要影响。它不仅仅塑造了孟姜女这一经典人物，同时还具有了感人肺腑的故事情节。另外，孟姜女传说还极大地丰富了长城的文化内涵。不仅如此，西汉以前形成的"悲歌哀哭"这一与孟姜女传说有关的民俗，在博山民众中被一代代传承下来，时至今日，博山中老年妇女仍然是长歌代哭，以孟姜女的传统曲调来寄托哀思。同时，孟姜女式的空腔在我国农村也是广为流传，已然形成了一种哭文化。

然而，当下的青少年深受时尚娱乐文化的影响，丧失了对传统民间文学的热情。如今的青年人已经很少有人能够了解孟姜女传说的故事，一个古老而又凄婉的传说也正面临着消失的状态。伴随着孟姜女传说故事的传承者的逐渐离世和老去，民间文化的传承也面临着后继无人的境况。同时，现存于民间的有关文物和建筑古迹也在逐渐减少，有的已经或者正在遭受严重损坏，这一切都急需有关组织去进行抢救和保护。

观音传说

遗产项目	观音传说
所属地区	浙江省舟山市
入围时间	2008 年
传承意义	观世音菩萨是我国神话小说的重要人物,在民间广为流传,据说她不仅神通广大、智慧无穷,而且还慈悲善良,是真善美的化身和象征,是所有人们所普遍崇拜的救星,是最受人们欢迎和崇敬的菩萨。

【非物质文化遗产百科名片】

在佛教供奉的许多菩萨当中,最为人们所熟悉和崇拜的就是观世音菩萨了。观世音是梵文的意译,亦称光世音、观自在、观世自在,之后因为要避讳唐太宗李世民的名讳,所以就将观世音简称为观音。

传说妙庄王有一个女儿名叫妙善,出生于二月十九日,她为人心地善良,善解人意。有一天,妙善看到姐姐怀孕挺着大肚子,就问姐姐是不是很累,有多重。姐姐笑着回答说有一斗米那样重。妙善想姐姐怀孕就如此辛苦了,将来生孩子肯定更辛苦。于是就暗暗下定决心此生都不再嫁人,一心只是修道念经。

妙庄王知道这件事情以后,非常生气,就强迫妙善出嫁,妙善却执意不从,妙庄王愤怒之下,就命人将妙善送到树林里却接受磨难。妙善一人在树林里面,苦苦煎熬了七天七夜。妙庄王以为经过一番磨难,妙善肯定会改变之前的决定,就命人将她接回家中,可是没想到妙善回到家中依然不肯出嫁。妙庄王见此怒火中烧,就将妙善关进磨坊,命令她每天必须磨完第二天的豆子才可以睡觉。在磨坊里面,妙善不分日夜地推磨,空余的时间就会看经念佛,从不停歇。妙善如此执著的行为感动了一个叫金童和一个叫玉女的小仆人,他们两个不忍心看妙善继续遭受折磨,就偷偷地每天帮助妙善磨豆子,甚至有时候会将妙善当天的活全部干完。

然而,这件事却不小心被妙庄王知道了,妙庄王一怒之下就将妙善和金童、玉女都赶出家中。妙善的母亲见此苦苦哀求妙庄王,妙庄王都不肯回心转意。无奈之下,妙善只好带着金童、玉女流落到了白鹤寺中当了尼姑。妙善出家为尼的消息传到了妙庄王的耳里,妙庄王恼怒不已说:"堂堂公主居然出家为尼,这不是在败坏家风,有损国威吗!"于是,就下令将白鹤寺烧毁,最后白鹤寺里五百多名尼姑都被无辜烧死,只有妙善带着金童、玉女侥幸逃了出来。

经历此番劫难之后,妙善只得在松树岭艰难度日。有一天,相传这一天是六月十九日,松树岭忽然来了一位老道士,看见妙善十分虔诚地在树下念经,就问:"你在这里待了多久了?难道不觉得很苦吗? 这里面还有老虎你难道不害怕吗?"妙善听后诚实的答

道："我一心念经向佛，根本感觉不到饥饿和劳累，更感觉不到恐惧。"老道士听完之后笑道："那我带你去仙山念经，你可愿意吗？"妙善回答："当然愿意，还请道长指路。"老道士非常高兴，递给妙善一个桃子，妙善吃完以后，顿时感觉神清气爽，精神焕发。紧接着老道士又拿出了一双草鞋给妙善，妙善穿上以后，忽然间也可以腾云驾雾了。原来这位老道士就是释迦牟尼佛祖。从此之后，妙善就跟着他一心在仙山之上念经修佛。释迦牟尼佛祖还赐给妙善一个法名，名叫观世音。

根据印度传说的说法，观世音菩萨原本是转轮圣王无诤念的大太子，他和他的弟弟一起修行，并侍奉阿弥陀佛，最终成为"西方三圣"之一。观音有着"大慈与一切众生乐，大悲与一切众生苦"的品德，可以变化三十二种化身，救十二种大难。观音是我国神话小说中的重要人物，在民间也是广为流传，据说她不仅神通广大、智慧无穷，而且还慈悲善良，是真善美的化身和象征，是所有人们所普遍崇拜的救星，是最受人们欢迎和崇敬的菩萨。

根据传说，普陀山是观音显灵的地方。每逢农历二月十九日、六月十九日、九月十九日，即传说中的观世音菩萨的生日、出家日和得道日，那些上山进香的信徒们就会不远千里地赶来，因此有关观音的传说也在此地广泛流传。

观音传说的之所以广为传诵，这在很大程度上和当地的观音信仰是紧密联系的。早在宋宝庆《昌国县志》一文中，就有过"梅岑山（今普陀山）观音宝陀寺"的文字记载。另外，宋乾道《四明图经》也有"日僧慧锷送观音"的记载。《不肯去观音》的传说流传到今天，并且成为了中日文化交流的重要纽带。到了元代时期，观音传说的内容日益丰富多彩。到了明清时期，在《普陀山志》一文中，有关观音传说的记载就更加详细，而在民国十二年编写的《普陀洛迦新志》中，里面记载的各类观音传说就高达 68 篇。

除了这些古志书的记载以外，早在明万历年间就已经有了《南海观音全传》一书在民间流传，民国初年又有《观音得道》的剧本在民间流传。我国古代著名的小说《西游记》和《封神演义》等名著中都有观音的文字记载。

所以说，几千年来，观音在人们心目中就是一个佛法无边的大菩萨，接受着人们的广泛传颂、信奉。并且这种传颂和信奉已经远远超越了民族和国界，最终形成了一种"劝人为善、爱好和平"的观音文化现象，在世界各地广为流传。

观音的信仰伴随着佛教的广泛传播成为了众多人的信仰。世界各地的华人都知道观音的传说，并且在众多的佛教徒中绝大多数都是观音的信徒。因此保护和挖掘观音文化，弘扬整个佛教文化，对于我们传承整个历史文化和建设社会主义和谐局面，都起着重要的促进意义。

近年来，普陀山风景区管委会已经加大对观音文化的保护和宣传，每年都会投入高达500多万元的活动经费，另外还对纪念观音的三大香会节采取了专项的保护措施。因此，我们要充分发挥观音文化和观音信仰这一文化珍宝的特殊性去造福社会。因为，观音文化不仅仅属于普陀山，同时也是属于整个中华民族和整个世界的人类文明。

盘古神话

	遗产项目	盘古神话
【非物质文化遗产百科名片】	所属地区	河南省桐柏县、泌阳县
	入围时间	2008 年
	传承意义	盘古神话是我国甚至整个人类的丰富而又宝贵的资源，在我国的历史当中占据了重要的地位。另外，盘古神话对于研究和探讨整个世界以及宇宙的起源、创世和文明；凝聚民族精神、构建和谐文明社会；统一祖国，维护和平具有深远的历史意义和现实意义。

  盘古神话是我国最为古老的一个神话传说。想必每一个孩子在小的时候都会问为什么会有天和地，为什么会有世界上的万事万物，它们到底是从哪里来的，这样的问题每每这个时候，都会有大人向他们诉说盘古开天辟地的传说故事。孩子们也就伴着这个故事成长。因此，盘古神话在我国可以说是家喻户晓、老幼皆知的一个神话故事。

  盘古神话的主要内容是说，远古时候的天地混沌得就像一个大鸡蛋，而盘古就生长在这个"大鸡蛋"里面。就这样在经过一万八千年以后，天和地逐渐分裂开来，"蛋清"就变成了天，"蛋黄"就变成了大地。盘古就处于天和地的中间,由天和地共同孕育而成。因而,盘古降生之后的智慧超过了天,能力也超越了大地,每当天向上升高一丈,大地向下加厚一丈,盘古的身子也就会随之生长一丈。就这样又经过了一万八千年,天升得极高了,大地也变得极厚了,盘古的身体也就变得极长了。

天和地虽然已经分裂开来,可是盘古担心它们会再一次融合,于是就每天不眠不休地用双手撑着天,用双脚踩着大地。最终,盘古的体力被耗尽了,累得倒了下来。盘古临死之前,呼出的气变成了风和云,声音变成了雷霆,左眼变成了太阳,右眼则变成了月亮,四肢五体变成了大地的四极和五方的名山,血液也变成了江河,经脉变成了道路,肌肤变成了田土,头发和胡须变成了天上的星星,皮肤上的汗毛变成了生长在大地上的草和树木,牙齿和骨头变成了金属的矿物和岩石,精液和骨髓变成了美丽的珍珠和美玉,流出来的汗水最终变成了雨等等,就这样盘古的整个身体化成为了世间万物。

有关盘古神话虽然没有在先秦古籍中有所文字记载,可是它却和《山海经》中所记载的烛龙神话极为相似,也许烛龙神话就是由盘古神话演变而来,只不过后来又吸收了南方民族传说的某些因素,才创造出这样一个开天辟地的神话人物。到了明朝末期的时候,由周游所编写的《开辟衍绎》,又给盘古添加了斧头和凿子这两件劳动工具,故事内容也就随之发展成为包含了劳动开天辟地的观念。

关于盘古传说的神话,最初是在我国南方的少数民族民间中广泛流传。苗族和瑶族一直以来都极为崇奉盘古,所以就把盘古看作是自己的祖先。壮族、侗族、仫佬族等民族也广泛流传盘古传说,把盘古看作是开天辟地的人类始祖。其实,早在魏晋南北朝的时期,在有壮族先民居住的海南一带,就已经有了追葬盘古之魂的"墓地",尤其是当时作为壮族人民居住地的桂林,甚至建有盘古的庙宇,人们也会定期进行祭祀。由此可见,盘古

在古代壮族人们的心目中是极受尊崇的。

几千年来，盘古神话依然在民间广泛流传，是因为其具有重要的社会价值、文物价值、学术价值、科研价值和经济价值，是我国乃至整个人类的丰富而又宝贵的资源，在我国的历史中占据了重要的地位。独占盘古文化遗迹魁首的青县，极为重视保护、开发盘古文化和庙会的旅游资源，并成立了盘古文化研究会，恢复了庙会活动，即便如此，盘古遗迹仍然遭受了不同程度的破坏，面临着绝迹的问题。然而，保护和弘扬盘古文化遗迹庙会活动，是具有划时代的重要意义，这对于研究和探讨整个世界以及宇宙的起源、创世和文明；凝聚民族精神、构建和谐文明社会；统一祖国，维护和平具有深远的历史意义和现实意义。

同时，作为盘古文化的发源地桐柏，2005 年 10 月 29 日，中国民协正式命名桐柏县为"中国盘古之乡"，并把盘古专业委员会设在了桐柏县，这一举措在中国民协 24 个专业委员会中是独一无二的。近年来，桐柏县也紧紧抓住了这一机遇，努力地将盘古文化资源优势转化成为文化产业的优势，并投入了大量的资金，全面地进行了民俗文化和盘古文化的深度挖掘以及包装，甚至还开发了盘古溪、通天河、鸳鸯池、桃花洞和黄岗红叶林等文化旅游线路，另外，盘古村、盘古开天辟地的雕像和盘古庙等建设工程也在全面的启动当中，这一系列的举措也使得人文景观和自然景观相互融合。

据了解，河南省政府将会每两年批准并公布一次省级非物质文化遗产名录。对列入遗产名录的项目，政府会给予相应的扶持政策，另外还对选入项目的代表性传人提供一定的资助，鼓励和支持这些传承人开展传承非物质文化遗产的活动。

董永传说

【非物质文化遗产百科名片】	遗产项目	董永传说
	所属地区	江苏省镇江市，山西省万荣县，江苏省东台市，河南省武陟县，湖北省孝感市
	入围时间	2006 年
	传承意义	董永传说在我国可以说是家喻户晓、妇孺皆知的故事，是我国珍贵的民族文化遗产。董永传说的教化功能对如今建设社会主义精神文明和构建和谐社会的实践，具有一定的现实意义。

董永，东汉人，因为卖身葬父被当地的县令举荐为孝廉，之后董永也成为传统文化"二十四孝"中的人物。董永传说主要包含的是"董永卖身葬父"和"天女助人"这两个故事。董永传说，距今已有两千多年。相传董永卖身葬父，孝行感天动地，七仙女下凡与之婚配；七仙女在一夜之间织成十

匹锦缎,将董永三年的工期改成了一百日;后来天上玉帝查出七仙女是私自下凡,于是命令天兵天将把七仙女带回天庭,董永夫妻就此诀别,一年后七仙女送子下凡……

"董永卖身葬父"这个千古流芳的故事主要内容是说:那一年,董永的父亲去世了,当时董永的家里非常贫困,根本就没有钱去给父亲办理丧事。可是董永又不忍心就这样将父亲给埋了,父亲在世的时候已经饱受人世间的苦痛,死了之后也没有寿衣、棺材,如果这样自己怎么对得起父母的养育之恩呢。董永思前想后决定去找亲戚朋友们借钱给父亲办理丧事,可是董永跑了整整一天,也没有借到一点钱。有钱的人家担心他钱借给以后他没有能力归还,不借给他。穷人家则没有钱能够借给他。就这样董永连续跑了好多天,也毫无收获。

万般无奈之下,董永想到了卖身葬父。自己的性命都是父母给的,自己如今已经不能给父母尽孝了,那么把身体卖了孝顺父母也是一样的啊。要是有人买他,他就用卖身的钱去办理父亲的丧事,以此来报答父母的养育之恩。既然已经打定主意了,董永就急忙去找了几根茅草,绑成一个小把子,然后插在衣服的后领子里面。他从一个集市走到另外一个集市,从一个村庄来到另外一个村庄,一连好几天,都没有人来买他。

这一天,董永来到了李家庄,当他从一大户人家路过的时候,被一个人拦住了。那个人问他:"你这个人是干什么的?"董永看着眼前的这个人,从穿戴和架势去看,像是一个很有钱的人。他以为自己终于遇到了买主,所以急忙低下头回答说:"请问大叔你要买人吗?"那个人很是吃惊,问道:"买人?你卖老婆还是孩子?"董永摇摇头说:"我没有老婆孩子可以卖,我是自己卖自己。"那个人听完之后哈哈大笑,等他笑够了,然后说:"我家老爷只买长得漂亮的女人,从来都不会买男人。"董永听完以后非常生气,转身就走。

这个时候,从门里又走出来一个大腹便便人,他朝董永招招手,说道:"慢走,我有话要说。"董永也就停下了脚步。那个人对着董永说:"我这辈子娶了好多老婆,可是她们却只给我生下一个儿子。一个儿子对我来说太少了,如果你愿意,不如给我当儿子吧。这样我就把你买下,你看怎么样?"董永顿时有点蒙,心里说不上是什么滋味。答应吧,明摆着这是在侮辱他。拒绝吧,又怕再也找不到买主了。于是心一横,反正是卖给别人,只要他肯出钱,他让怎么做就怎么做。董永正要回答,只听那个人又说话了:"哎,你到底同意不同意啊?我李虎活这么久,还没听过别人喊我一声爹呢。你如果愿意当我儿子,就先喊我三声爹,我听听看亲不亲,要是喊得我顺耳,我立马就买下你。"

董永听完这些话,不禁火冒三丈。原来,这个李虎就是自己的仇人。他打死了自己的母亲,逼死了自己的未婚妻张月莲,后来又买通了官府,让自己吃了冤枉官司,官府甚至还打断了父亲的双腿,赔光了家中全部的家产,最后还落了个家破人亡。要不是这个人,自己怎么会沦落到这种地步呢?没想到冤家路窄,自己又碰到他了,他如今还如此取笑自己,董永越想越生气,气得浑身直发抖,然后转过身子,朝站在台阶上的李虎一步步走了过去。李虎看着走近的董永,发现他一脸怒容。吓得直往后退,有点心虚地说:"你要干什么?有什么话你站在下面说就可以了。"李虎的话音刚落,大门里面又走出来两个壮汉。他们走了过来挡住董永,董永就像是没有看见,忽然像发疯了一样,从这两个人中间闯了过去,一下子用头将李虎撞翻在地。董永还想再扑过去打几下,可是被那两个汉子抓住了。两个人对着董永一阵拳打脚踢,不一会儿就把董永打得昏迷不醒了。

李虎看了看躺在地上的董永,朝那两个人摆摆手说:"把他拖到庄外,扔到路边去,如果有人问,就说他是小偷,进来偷东西被你们抓住了。"那两个人答应着,就忙把董永从地上拖起来扔到了庄外的路边,这个时候的天气很冷,外面的雪也非常的厚。没过多久,董永就冻醒了过来,他想着刚刚发生的一切,就咬着牙撑起身子,忍着浑身的伤痛,想要再去找李虎算账。可是刚走了几步,就停下了。如果就这样去找李虎拼命,他家里那么多人,自己去了岂不是白白送死吗?再说了,自己死了没什么,可是自己的父亲呢,他还没有入土为安,如果自己死了,谁来料理他的后事呢?想到这些,董永只好趔趔趄趄地回家。

董永回到家中以后,想到今天发生的一切,对着父亲的尸体不禁放声大哭起来,自己卖身没人买,碰到仇人李虎还差一点丢了性命。最后,董永让傅家庄的傅员外买去了,成全了他的一片孝心。从这个时候起,董永卖身葬父的故事就一代代流传了下来。

董永卖身葬父的一片孝心感人肺腑,成为了千古佳话。另外一个"天女助人"的故事内容说的是:董永自幼失去母亲,和父亲相依为命。父亲去世之后,他没钱替父亲办理丧事,就找人借了一笔钱。董永对债主说:"以后如果我没钱还债,就给你做奴仆。"董永在家守完三年的丧以后,就去债主家里做奴仆。

路上董永遇到了一位美丽的女子，那位女子对他说："我愿意成为你的妻子，也不会嫌弃你贫贱。"于是董永就带着她一起到债主家中。债主对董永说："那笔钱就当我送给你的，你回家吧。"董永却回答说："感谢你之前对我的帮助，我的父亲才可以入土为安。我虽然是一个贫贱的人，但是一定要尽心尽力去报答你之前的恩德。"债主问："和你一起来的女子是什么人？"董永说："是我的妻子。"债主又问："你妻子能干些什么？"董永回答："她会织布。"债主说："既然你一定要报答我，那就让你的妻子替我织一百匹优质的布匹吧。"之后，董永的妻子只用了短短十天的时间，就把一百匹布匹给织完了，这令债主吃惊不已。

董永夫妻回家路上，在来到第一次相遇的地方的时候，那位女子却忽然向董永告别说："我其实是天上的织女，看到你如此孝顺父母，天帝才命令我下凡来帮助你还清债务。如今你已经还了债务，我也不能在人间待了。"话一说完，就腾云飞走了。董永顿时泪流满面，感激万分。

"天女助人"这个优美的民间传说，对之后的中国戏曲影响非常深，南戏的《董永遇仙记》和黄梅戏中以及电影《天仙配》等都是在这个基础上经过艺术加工再创作出来的。

董永作为"二十四孝"中千古流传的大孝子，勤劳善良、卖身葬父，感天动地，受到了后人们的一致推崇。而关于董永和七仙女的传说，有专家评价说，七仙女和董永成亲的美丽传说，开启了我国古典浪漫主义先河，是我国现代浪漫主义文学的源头。

董永传说历史上广泛流传于全国各地。在长达两千多年的流传过程中，不断地和各地的人民生活相结合。在我国历代的典籍当中，记载董永和七仙女故事的内容多不胜数，并且不断地丰富发展。董永卖身葬父的故事也被编入了很多的戏曲当中，最早的就是明代的传奇剧《织锦记》，最有名的是黄梅戏《天仙配》。由于董永和七仙女的故事既包含了教化作用，又具有了爱情色彩，其教化的内容和中国民众长治久安的大众心理需求相适应，爱情故事又符合了众多人们追求幸福婚姻的内在感情，所以深受人民群众的喜爱。

董永传说是人尽皆知的民间经典故事之一，流传广泛，是我国宝贵的民族文化遗产。董永传说在长期的传播过程中，不断地丰富发展，已经具有了向爱情故事演变的趋势，但是传说的主题内容并没有和之前的传说相脱节。由于添加了大量的人民群众的情感，所以演变成为极富地方特色的传说。也产生了许多和董永传说有关的文物、碑碣、村落、地名等遗迹。山西省万荣县、江苏省东台市、河南省武陟县、湖北省孝感市等地不仅有与董永相关的遗迹，而且地方志中也有过文字记载，内容都称董永是当地人，例如山东博兴就有董家庄、董永墓；山西万荣小淮村有"董永故里"的匾额，民间还织造有"合婚布"；河南省武陟县每年的农历二月初三和十一月初十都会举行盛大的祭拜孝子的庙会活动；江苏省东台市有董家舍，南宋《方舆胜览》也记载这里为"孝子董永故居"等等。董永传说中所蕴涵的历史和文学资料对研究我国各个历史时期社会、经济、政治、文化，尤其是文学艺术等方面的研究有着重要的参考价值。同时，董永传说的教化功能对当今建设社会主义精神文明和构建和谐社会的实践具有一定的现实意义。

根据多方的研究考证，董永传说中的董永和七仙女的生活原型是出自东台，距今已经有2000多年的历史。对此，江苏省东台市文化部开展了第一批国家非物质文化遗产名录推荐项目的申报工作，并且组织了有关专家对申报的1315个项目进行审议。评审会也随之提出了第一批推荐项目501个，其中东台市推荐申报的《董永传说》就名列其中。

八仙传说

【非物质文化遗产百科名片】	遗产项目	八仙传说
	所属地区	山东省蓬莱市
	入围时间	2008 年
	传承意义	两千多年来，八仙传说一直为人们所津津乐道，这是因为八仙传说具备了非常重要的人文价值、思想价值和艺术价值。

　　在我国民间，几乎每个人都听过"八仙过海，各显神通"的八仙传说故事。这八位神仙究竟是凭空杜撰出来的神话人物，还是历史上某些人物的参考原型呢？应该说，所有的神灵都是由人类创造出来的，那么所谓的"八仙"自然也是如此，许多都是根据历史人物为依据而产生的，不过在说法上也会有所不同。大家都知道，民间传说中的八仙分别是：铁拐李、钟离权（汉钟离）、张果老、吕洞宾、何仙姑、蓝采和、韩湘子、曹国舅。那么，这八位神仙究竟都是些什么人？都拥有哪些不同寻常的本领呢？我们不妨先从一个小故事讲起：

　　八仙传说中的八仙，是指七男一女，他们都以不同的身份，手持不同宝器出现在人们的眼前。铁拐李是以乞丐面目出现的官吏，所使用的法宝是葫芦;汉钟离是一位将军,所使用的宝器是一把扇子;张果老是一位寿者,所使用的宝物是渔鼓;吕洞宾是一位温文尔雅的儒生,所使用的宝物是一把宝剑;何仙姑是一位民间女子,所使用的宝物是荷花;蓝采和是一名戏班,所使用的宝物是一个竹篮;韩湘子是一位年轻出家的富贵弟子,所使用的宝物是一根萧;曹国舅是皇亲国戚,所使用的宝物是云板。这八位身怀绝技的八位仙人共同演绎了有名的"八仙过海"的传说。

故事的内容主要叙述的是:八仙们前去赴王母娘娘的蟠桃盛会归来,然后一起在蓬莱阁上下棋,铁拐李就提议说:"我们为什么不趁着酒兴一起漂洋过海去游玩一番呢?"这一提议很快得到了其他七位神仙的赞同。八仙为了显露出自己神仙的身份,过海的时候故意不乘坐船只,而是用各自的宝物作为渡海的工具。可没想到的是在渡海的过程中和龙王三太子发生了一场争斗,惊动了南海观世音菩萨,观世音菩萨就出面进行劝和,于是就平息了这场争斗,八仙在拜别观世音菩萨以后,就带着各自的宝物,漂洋过海去了。

八仙传说之所以和蓬莱紧紧地联系在一起,主要是由于蓬莱这个来

自大海中并且极富神秘色彩的仙境名字。我国著名的大诗人苏东坡在蓬莱当官的时候就曾经写有"东方云海空复空,群仙出没空明中"的千古佳句。其次,八仙和蓬莱的联系,还要从吕洞宾说起。根据《白云观志》中的记载,吕洞宾属于蓬莱派,钟离权的《赠吕洞宾》诗中就曾经写道:"得道高僧不易逢,几时归去愿相从。自言住处连沧海,别是蓬莱第一峰"。

吕洞宾在自己的诗中也写道:"独坐蓬莱观宇宙,抽剑眉间海上游",明显就是把自己当做一个蓬莱人。既然吕洞宾是八仙中的一位核心人物,又和蓬莱联系如此紧密,那么其他几位仙人跟随前来也就是理所当然的了。由此可见,蓬莱是因为八仙而备显神秘,八仙也是由于蓬莱而传奇至今。1960 年,叶剑英委员长在登临蓬莱阁的时候,在听完八仙的传说以后,就即兴题写了"蓬莱仕女勤劳动,繁荣生活即神仙"的诗句。

不仅如此,八仙传说还具有重要的价值,主要体现在以下几个方面:

第一个方面,文化价值。八仙传说是我国民间一种民俗文化现象,和浓厚的世俗人情紧密地融合在一起。另外,八仙的形象和精神也深深地影响着广大的人民群众,最终形成了一种独具特色的"仙文化"现象。

第二个方面,思想价值。八仙分别代表了男、女、老、幼、富、贵、贫、贱,是整个世俗社会不同阶层的代表,他们同情人民群众,藐视权贵,惩恶扬善,造福百姓,体现出一种和谐的精神所在。

第三个方面,艺术价值。八仙传说为民间文艺和工艺美术等各种艺术形式作品的创作提供了丰富的素材,具有一定的艺术价值。

八仙传说的故事虽然人尽皆知,可是能详细地说出发生在八仙每个人身上的故事的人却是越来越少,如果不尽快进行抢救、保护和传承,那么这个优秀的传说故事就有可能面临消失的危险。根据了解,如今蓬莱市正在积极做好第二批国家非物质文化遗产的申报准备,同时还加大了对历史文化遗产的保护力度,并投入大量资金去整理挖掘八仙传说的文化和实物载体。

截至目前,已经先后修复开发了蓬莱阁八仙祠、八仙渡海口、蓬莱八仙雕塑等景区 10 多处以及八仙桌、八仙葫芦、八仙剪纸、八仙鹅卵石画、蓬莱八仙刺绣、八仙宴等有关工艺品 200 多个种类。

济公传说

【非物质文化遗产百科名片】	遗产项目	济公传说
	所属地区	浙江省天台县
	入围时间	2006 年
	传承意义	济公传说依存于真实的历史人物,具有地域的原生性;神秘的超自然能力,具有情节的神奇性;体现了历史上的禅宗思想和罗汉信仰,具有文化的传承性;广泛地涉及生活的每一个层面,具有内容的多样丰富性;表现民众的喜怒哀乐,具有鲜明突出的人民性。

从古至今,涌现出的名人数不胜数,可是能够成为东西方世界雅俗共赏者,首先就要推中国的活佛济公了。

济公生于南宋绍兴十八年(公元 1148 年),卒于嘉定二年(公元 1209 年),原名李修缘,浙江台州人,出生于天台永宁村,是南宋禅宗时期的得道高僧,法名道济。济公的高祖父李遵勖是宋太宗的驸马、镇国军节度使。

李家更是世代信佛。父亲李茂春年近四旬，都膝下无子，终日虔诚拜佛终于求得一子。济公出生以后，国清寺的方丈给他取了一个俗家的名字叫修缘，济公也就至此和佛门结下了缘分。济公虽然出身于名门显贵，可是却没有染上任何不好的恶习。很小的时候就去村北赤城山瑞霞洞学习，并深受释道二教的熏染。父母双双去世以后，济公先是进了国清寺当了一名和尚，并被取名道济，后来又来到了祗园寺道清、观音寺，最后投奔到杭州的灵隐寺。

有关济公传说的故事很多，其中最有代表性的就是"飞来峰"的故事，故事的主要内容是说：有一天济公算到中午的时候，那座奇异的山峰就要飞到灵隐寺的村庄上面来了。济公担心这座山峰落下来会压死很多人，所以五更天的时候就起床，跑进村庄，挨家挨户地敲门告诉人们说："今天中午有座山峰会落到庄子上来，大家赶紧搬家吧，不然迟了就来不及了。"有一位老头听完之后直摇头，骂道："你这个疯和尚，又来拿我们寻开心了，什么时候见过会飞的山了啊？"时间一点点过去，眼看着中午就要到了，济公非常着急。

这个时候，他忽然听到一阵"滴滴答，滴滴答"吹唢呐的声音，就赶忙顺着声音跑了过去，原来是有人家娶媳妇办喜事，新郎和新娘正在磕头拜天地，屋子里面喜气洋洋，人来人往，非常热闹。济公看到这个情景，心中有了主意。他赶忙推开众人，跑到了堂前，将新娘子往身上一背，向村外使劲地跑。

新娘子见自己忽然被一个和尚背着乱跑，不禁吓得大声哭喊。其余众人见济公抢走了新娘子也都十分气愤，分别拿起了各种工具，追赶着济公，一边追还一边高喊着："大家都来抓济公啦，快来抓住济公啦！"经过这么一闹，整个村子里面的人都轰动了。这下子整个村庄里不管男女老幼全都跑了出来。只剩下村东一家财主家没有动静，反倒是站在自家门前看热

闹，说风凉话。

济公背着新娘子，使劲地往前跑，大家跟在后面一直追出了十几里路，也没能追上。等到太阳当头，济公才停下了脚步。他从背上放下新娘子，自己也累得往地上一坐，摇着扇子使劲地扇风。当后面追来的人们跑到济公面前，正要打他的时候，却没想到忽然间天昏地暗，大风阵阵。只听一阵轰响，人们都被震得跌倒在地，等大家爬起来一看，已经风停云散，太阳又重新照在了头顶上面。却见一座山峰刚好落在他们的村庄上面。人们这个时候才明白过来，济公之所以抢新娘子，是为了救大家的性命。

可是，村庄被山峰压在底下，大家也就都没有家了，很多人都急得大声哭喊起来。济公见此却说："你们哭什么，有什么好哭的，村里的财主如今已经被压死在山下面，从今以后你们每个人种自己的田地，还担心盖不起房子，没有房子可以住吗？"大家听济公这么一说，才纷纷高兴起来，正打算散去的时候，济公又说了："大家都别走，你们听我说，这座山既然可以从别的地方飞过来，也就可以从这儿再飞走，那样的话不知道又要害死多少人。但是如果我们在山上凿出五百尊石罗汉，就可以把这座山镇住，它也就不会再飞到别的地方去害死人了。你们看怎么样？"大家听完，都一致说好，也就立刻动起手来。

就这样忙了一夜，终于把五百尊石罗汉给凿了出来，可是大家凿出来的都是罗汉的身躯，却来不及凿出罗汉们的眉毛和眼睛。济公见此不慌不忙地说："我有办法，让我来好了。"只见济公用他那长长的手指甲在石罗汉的脸上划来划去，没多久，就帮五百尊石罗汉都画上了眉毛眼睛。

济公的一生非常的富有传奇色彩，他的扶危济困、惩恶扬善、等等美德，都在人们的心中留下了美好的印象，人们也因此更加怀念他。神化他。甚至从济公出生的时候就赋予了神化的色彩。根据《西域志》中的记载："天台山石梁桥古方广寺，五百罗汉之所住持，其灵异事迹往往称著。"而济公出生的时候刚好碰上国清寺罗汉堂里面的第十七尊罗汉（即降龙罗汉）突然倾倒，于是人们就把济公说成是罗汉投胎转世，并且广泛传诵。

济公传说的故事是根据南宋禅宗时期的得道高僧道济的故事发展演变而来的一种民间口头文学，以天台为中心分布于浙江省境内，并由此辐射到全国各个地区，继而影响了整个世界。六朝隋唐时期，天台就开始流传很多罗汉和颠僧的传说故事。到了南宋早期，道济出生于天台，假装狂放救济百姓，人们也都亲切地称他为"济癫"。在道济的生前身后，天台也都出现了很多有关他的灵异传说，人们对此也是议论纷纷。明清时期以来，济公传说更是广泛流传于全国各地，成为了妇孺皆知的民间经典故事。根据调查，目前存在于天台有关济公的传说就有数百种。这些传说都是以济公生平经历为主，内容更是广泛涉及济公的身世、童年的生活以及惩恶扬善的行为等各个方面。其中《飞来峰》、《卖狗肉》、《斗蟋蟀》等故事更是成为经典的民间故事。

济公传说依存于真实的历史人物，具有地域的原生性；神秘的超自然能力，具有情节的神奇性；体现了历史上的禅宗思想和罗汉信仰，具有文化的传承性；广泛地涉及生活的每一个层面，具有内容的多样丰富性；表现民众的喜怒哀乐，具有鲜明突出的人民性。正如周恩来总理所说的那样："人民群众之所以如此喜欢济公，是因为他关心人，为不公平的事情打抱不平，所以才会在民间流传着许多有关济公的经典传说。"

八百多年来，济公传说已经成为文学艺术的生动素材，并且在小说、戏曲、书画和影视剧等各个领域都得到了广泛的运用。不仅如此，济公传说作为一种独特的文化现象，在广大的人民群众心目中也是留下了深刻的印象，这对于中华民族精神的形成有着重要的影响；同时还对当下推进社会道德教育和增强海峡两岸的民族凝聚力都起着重要的作用。

然而，从 20 世纪 80 年代以来，因为济公传说赖以生存、流传和发展的社会环境发生了巨大的变化，原生的济公传说一度面临着失传和湮灭的危险。这一切引起了当地政府的高度重视，所以开始大力抢救保护这一优秀的民间文化遗产，从而让济公传说的影响力得以逐步的提高。电视连续剧《济公》的播放，受到了广大人民群众尤其是青少年们的热烈欢迎，甚至在国外也产生了巨大的影响力。

秃尾巴老李的传说

【非物质文化遗产百科名片】

遗产项目	秃尾巴老李的传说
所属地区	山东省即墨市
入围时间	2008 年
传承意义	"秃尾巴老李的传说"故事内容体现出了"崇信尚义、尊礼重孝、惩恶扬善、正直善良"的优秀品质，对我国广大的人们群众有着积极的教育指导意义。除此之外，我国的黑龙江省这个省级称谓也是根据秃尾巴老李这个传说而来的。

悠悠华夏五千年，蕴涵着数不尽的传奇故事；放眼中原大地，又有着道不完的离奇传说。在我国山东、河北和东北等地的许多地方都广泛流传着秃尾巴老李的传说，其中在东昌府区道口铺以及阳谷张秋镇等地，秃尾巴老李的传说可以说是家喻户晓，妇孺皆知。

只要到了每年七月份的时候，当从东北刮来的狂风骤起，黑云密布，倾盆大雨就要落下来的时候，当地的人们就会纷纷跑回家避雨，一边跑还一边不住地喊道："秃尾巴老李祭母来了，秃尾巴老李祭母来了！""秃尾巴老李，连风夹雨"的传说在当地人的心目中根深蒂固。时至今日，在聊城东昌府区的道口铺王海子村秃尾巴老李的母亲龙母三娘的庙址仍有遗存。

当地的村民都纷纷说道:"我们世世代代都相信秃尾巴老李和龙母三娘。不管天气多么恶劣,冰雹也从来都不会砸到这里,因为有秃尾巴老李在保佑着呢!"

龙母三娘庙位于王海子村的西头,虽然庙址如今已经变成了一个大坑,但是当地的老人都能清晰地记起龙母三娘庙当初的结构、牌位、朝向以及当地人向龙母求雨的情景。相传秃尾巴老李就是出生在王海子这个地方,这其中还有一个美丽动人的传说。

传说,很早的时候在村子的东边住着一户人家,姓李,男的主要靠打鱼为生,女的平时就在家中料理家务活,夫唱妇随,日子过得十分和睦。可是两个人结婚多年,妻子也已经有三十多岁了,就是没有生下一男半女,这也成了夫妻二人的一块心病。

这一年下了一场百年难遇的大暴雨,导致山洪暴发,河水暴涨,水几乎就要将整个村子给淹没了,直到三天之后大水才逐渐地退去。第二的早晨,妻子特意起了个大早,想要去河滩上捡一些被河水冲上来的鱼虾贝壳什么的来贴补生活。妻子挎着一个小篮子走在河滩上,只见刚刚退潮的沙滩上面,有一排很大的脚印,妻子觉得非常的稀奇,心想这么大清早的,什么人会有这么大的脚印呢?于是就好奇地抬起自己的脚踩在这个大脚印上面,忽然妻子的身上就像是触了电一样,感觉麻麻的。妻子回到家中后就像是喝了酒一样,昏昏沉沉的,过了没多久,妻子就怀孕了,夫妻两人对此十分开心。

丈夫每天都会去买很多鸡鸭鱼肉,开开心心地照顾着怀孕的妻子。当两人还沉浸在即将当爹当娘的喜悦中的时候,一个问题忽然又围绕着他们。一般十月怀胎就会生下孩子,可是妻子怀了十个月居然没生下来,一年过去了没有生,二十个月又过去了也没有生,只是看见肚子变大,却不见妻子临盆。

这下子可急坏了夫妻两个，直到两年以后的七月十四日，这天电闪雷鸣，风雨交加，妻子急忙告诉丈夫，说要生孩子了。这下子可把丈夫高兴坏了，忙前忙后。妻子疼得在床上滚来滚去，孩子却还是没有生下来，却从肋下爬出来一条小黑龙。

"天啊，这是怎么回事，到底造了什么孽啊?!"丈夫看着已经死去的妻子失声痛哭。

小黑龙出来以后，见风就长，一会儿就爬到了房梁上面，丈夫见此更是愤怒不已，赶忙从旁边拿起一把镰刀，将小黑龙的尾巴给削了下来。受伤的小黑龙赶忙冲出屋外，在天上不停地绕着圈子不肯离去，最后对着屋子点了三下头，然后腾云驾雾，离开这个村庄向东北方向飞去，小黑龙腾着云驾着雾，在天上一直飞行了几千里，然后低头看见一条弯弯曲曲的白水横在地面上，江面并不宽但是很长，江的两岸也是高山耸立，树木环绕，水面也是波光闪闪。于是，小黑龙决定在这里停留，就拨开了云头，冲进了水中。

这条江叫做白龙江，原来一直都是由一条白龙镇守。由于白龙喜欢耀武扬威，性情多变，所以周围的老百姓们都深受其害，再加上每当有船只路过的时候，白龙只要看到美丽的女子就会抓走，看到金银珠宝就会抢走，周围的老百姓都对它痛恨不已，可又无可奈何。这个时候白龙正在自己的水府中休息，猛地听到一阵猛烈的水响声，只见一条没有尾巴的黑龙闯了进来，心中不禁勃然大怒，"你是谁？竟然敢私自闯入我的水府，侵犯我的领地，看来是活得不耐烦了！"说着就伸出龙爪想要抓住小黑龙，小黑龙奋力抵抗，两条龙就在水中厮杀了起来，最后由于小黑龙的力气比较小，被白龙打得伤痕累累，只好逃出了水府，变成了一位黑衣少年，昏倒在了江边的一个茅草房门口。

天渐渐地黑了下来，天气也变得越来越冷。采药的老人从山上回到了家门口，看见一位黑衣少年昏倒在自家门口，就赶忙将少年扶到屋内的床上休息，然后烧水做饭照料少年，黑衣少年慢慢地苏醒了过来。草药老人就从箱子里拿出了一个千年老人参，炖了鸡汤照顾黑衣少年，从而让黑衣少年慢慢地恢复了体力，然后两个人就交谈了起来。

原来这位老人是一位山东人，因为家乡连年干旱，庄家颗粒无收，再加上战争连连，所以只好逃荒到了东北这个地方来，然后躲在这深山老林中靠采药打猎维持生活。这几年由于白龙占据了水府，扰的周围的居民生活不宁，原来住在这里的人们也都拖家带口纷纷离开了白龙江边。小黑龙听完老人的话以后，觉得非常亲切，就叙说了自己的身世："老伯，我也是山东人，家住在滕县的小坞沟村，我姓李……"之后，小黑龙又讲了自己如何出生，如何被父亲用镰刀将尾巴削去，如何遭到白龙的欺负。越说越激动，最后老人又和小黑龙一起商量如何去打败白龙、治理水府、造福四周百姓的计划。

在采药老人的细心照料下，小黑龙很快就疗养好了伤，恢复了体力，面色也逐渐地红润了起来。这一天，小黑龙又进入了白龙江。白龙一看上一次的秃尾巴黑龙又来到水府中，就大声喊道："秃尾巴又想来遭打吗？"小黑龙不慌不忙地说道："我们都是同类，应当和睦相处，你却不管青红皂白，只想着欺负我，我今天就要治治你这危害一方的妖孽，让你知道厉害。"说着就又厮杀了起来，这一战一直从早晨打到晚上，采药老伯一看小黑龙浮出水面就赶紧往水里扔馒头，白龙一上来，就使劲扔石灰。小黑龙越战越勇，白龙一直打却吃不上饭，又被石灰迷了眼，渐渐地就觉得体力不支了，在大战了三天之后，白龙败下阵来，仓皇逃出了水面，并借着风雨，向远处逃命，从这以后白龙江就改名为黑龙江。

小黑龙接管了水府以后，调兵遣将，把黑龙江治理得井然有序，然后又兴风施雨，让周围的百姓们过上了幸福安康的生活，受到了当地百姓们的称颂。不仅如此，小黑龙还经常变成人帮助闯关东的山东人伐木治病，帮助遇到困难的山东人脱离危险，惩恶扬善。为了表示对家乡人的思念和敬重，只要是载有山东人过往的船只，到了江心的时候，他就会往船上送一条大鲤鱼。每每这个时候船家就会双手托起，向着乘客大声喊道："山东老乡们，秃尾巴老李给咱送礼来了。"然后再把鱼放回江里。

直到今天，黑龙江上只要船一开，都会喊上一声"有没有山东人"，一听到有人回答有山东人，船就会风平浪静，船只也会安全地过江。闯关东的山东汉子们在进入东北以后都要到黑龙江边，拜一拜秃尾巴老李，以祈祷自己能够平平安安发财，时至今日这一习俗还依然保留着。秃尾巴老李俨然已经成为山东人闯关东的保护神。

根据传说，秃尾巴老李一直没有忘记父母的养育之恩，每过六十年他都会腾云驾雾回小坞沟祭奠母亲，每当秃尾巴老李回家祭母时，天上都会下起很大的雨，电闪雷鸣，风雨交加，人们就会看到满天乌云当中，一条黑龙盘旋在天空之中，迟迟不愿离去。可是每当风雨过后，小黑龙母亲的坟都始终是干的，就像是没有下雨一样。

其实，秃尾巴老李的传说还存在着这样的背景：几百年来，有成千上万的山东人闯关东来到了东北，他们克服遇到的所有困难，一代代辛勤劳作，并深深地扎根在这片土地上，可是他们内心深处的思乡之情和寻根之心却无法割舍，于是便幻想有秃尾巴老李这个呼风唤雨的乡亲，能够自由自在地来往于东北和山东之间。

除了上面所说的这些,民间还有许多有关"秃尾巴老李"的习俗:例如相传每年的农历六月初六是"秃尾巴老李"的生日,每逢这一天,他们家的人都要把他断留在家里的龙尾巴拿出来放在外面晒一晒,并还流传有"六月六,晒龙衣,阴晴四十天",意思就是说这一天是什么天气,接下来就会持续40天这样的天气。到了后来就演变成为民间晒衣日,据说,在这一天晒了衣服穿着就会很吉利。还有一些地方的妇女会穿上绑腿裤,大热天的夜里也不敢在户外乘凉,甚至连打个瞌睡也不敢,就怕一不小心遭到龙戏,等等。

秃尾巴老李传说之所以能够在民间广泛流传,主要由于这个传说塑造了秃尾巴老李这样一位坚强、正直善良、机智勇敢、疾恶如仇又乐于助人的英雄形象。在秃尾巴老李的身上,充分表达了广大人民群众的不屈不挠、敢于和恶势力斗争的精神,以及美好信仰和价值取向,因而具有了非常广泛的群众基础,增强了人民群众的传承性。

尽管秃尾巴老李传说的故事已经流传了上千年,但是也仅仅只限于民间的口头流传和少许的文字记载,能够完整详细地讲述原生态的秃尾巴老李故事的传承人已经逐渐减少,如今已经面临着传承断层的危险局面,不仅如此,秃尾巴老李的出生和活动地—产龙洞、班仙洞、藏龙洞以及相关设施也遭到了不同程度的破坏。

为了让秃尾巴老李传说这一宝贵的民间神话传说能够继续传承下去,烟台市有关人员对传说故事进行了深入的调查、搜集和整理工作,并先后编写创作了民间故事《玉姑庙的传说》,儿童电影文学剧本《黑龙》,系统完整地用文字的形式讲述了秃尾巴老李的故事。

除此之外,相关部门还通过开发景区,采用法律的手段对和秃尾巴老李传说有关的玉姑庙、李春兰墓等区域进行相关的保护工作。秃尾巴老李传说故事可以入选烟台市级非物质文化遗产名录，对开发相关旅游景区,提升烟台市旅游品牌形象有着十分重要的促进意义。另外，还进一步通过建立融合秃尾巴老李传说故事和观光游览为一体的产业经营链,以产业实体作为依托,从而实现秃尾巴老李传说由静态保护传承向动态保护传承的成功转变,通过这一系列的措施,希望可以使秃尾巴老李传说得到可持续的保护、传承和发扬光大。

第三章

民间故事

北票民间故事

	遗产项目	北票民间故事
【非物质文化遗产百科名片】	所属地区	辽宁省北票市
	入围时间	2008 年
	传承意义	北票民间故事体现了北票蒙汉紧密相连独特的文化魅力,反映出北票人民勤劳勇敢、智慧机警、善良朴实的精神,表现出完整鲜明的艺术个性。这也从不同层面反映出北票人民的生活和奋斗的历史,在文学艺术、历史学、民族学、民俗学、语言学和美学等各个方面都有重要的研究参考价值。

北票民间故事是由多个故事类别构成,里面就包括了风物传说、人物传说、幻想故事、生活故事、动植物故事、风俗故事、笑话、寓言等八大类,除此之外,里面还包含有许多的民间歌谣以及谚语等等。

其中北票民间故事中最为有名的《旺亲巴勒三请家师》讲述的内容就是:旺亲巴勒是尹湛纳希的父亲,虽然他是蒙古议长能骑善射的武官司,但是他还是十分重视文化知识的学习。尹湛纳希五岁的时候,旺亲巴勒就从义州(现辽宁省义县)请来了一名叫张何的老师,由于张何精通笔墨,又擅长诗文,所以人们都喊他"张秀才"。这个张秀才几次进京赶考都是名落孙山,然而他的满腹才学还是饱受众人钦佩的。同时,张秀才还是一个倔脾气,性格也是非常孤傲,从来都不会溜须拍马。对于张秀才的这些品性,旺亲巴勒非常的赞赏。

张秀才自从来到忠信府以后,对旺亲巴勒的几个儿子可以说是认真尽心地教学,所以,几个孩子们的学习进步得非常快。张秀才来到忠信府没多久,他的才华就在当地迅速传播开来。当时,好几个贵族都想要请张秀才做自己府第的老师,其中有一位名叫德勒格色楞的王爷非要把孙子送到忠信府读书,由于德勒格色楞是本旗的王爷,旺亲巴勒是不敢得罪的,所以只好被迫同意这一要求。

张秀才知道这件事情以后,心想:"旺亲巴勒不敢得罪王爷,没有办法拒绝他,我为什么不帮他的忙,解决他的困难呢。我到忠信府外面租几间房子,办个私塾学校,这样不就可以两全其美了吗?"张秀才就把自己的这个想法告诉了旺亲巴勒,旺亲巴勒听完之后觉得很有道理,就同意了。过了几天,张秀才就在距离忠信府一里半的地方租了三间砖房,收了十几个学童,其中旺亲巴勒的三个儿子和张秀才自己的儿子张田青都在其中。

张秀才所教的学童进步都非常快,因此他的名声逐渐变大,前来请教

他的，送学童进私塾的，索要书画的，几乎每天都不曾间断过。有一天，忠信府的一个远房亲戚带着一个旗王爷的孩子来到这里找张秀才索要书画。当时张秀才正在给学童们上课，就让他在外面稍等一会儿。来人听说要他等非常的不高兴，转身出门，并且故意将张秀才的秫秸杖子给踏坏。张秀才看到以后，非常生气，可是又没有办法，只得忍了。又过了几天，张秀才越想这件事情越觉得自己窝囊，自己虽有满腹才学，可还是要受达官贵人的气，还不如不闻世事，去找一个山明水秀的地方隐居起来。

于是，张秀才就解散了学堂，带着自己的妻子儿女，来到了大凌河边上胥家沟安家落户。张秀才被欺负之后解散学堂出走的消息很快就传到了旺亲巴勒的耳朵里，旺亲巴勒感到非常的遗憾：首先，自己的几个孩子还需要继续学习；其次，自己失去了一个好朋友；最后，几个孩子和张秀才的儿子张田青感情非常的要好，孩子们整天思念，尤其是第七个儿子哈斯楚鲁，一直央求母亲要去找张田青。

过了一段日子，旺亲巴勒十分思念张秀才，再加上要给孩子们找老师，所以就亲笔写了一封书信，命人送到胥家沟请张秀才回忠信府，张秀才接到了旺亲巴勒的亲笔信以后，心情十分的激动，也真心想要回到老朋友的身边，可是当他想到之前的事情，并且自己还曾发过誓，要在这里度过一生，所以就回信谢绝了旺亲巴勒的请求。旺亲巴勒见张秀才不肯回来，感到十分的伤心。这一天，他忽然想到了一个办法，觉得可以将张秀才请回来。于是在一天深夜的时候，旺亲巴勒派出了十个家人，让他们都蒙着面，抢走张秀才家中所有的财物，让他失去生活的依靠，然后过几天再找人去劝说张秀才回来，到时候他就一定会同意。然而张秀才性格十分耿直，即便家中已经一无所有了，他也宁愿忍饥挨饿，也不肯开口求人，旺亲巴勒再一次失望了。

旺亲巴勒见张秀才如此坚决，也就觉得无计可施了，可是七儿子哈斯楚鲁老是喊着找张师爷和田青。旺亲巴勒就又有了一个主意:他命令几名家人带着哈斯楚鲁去胥家沟。张秀才看到哈斯楚鲁,觉得十分高兴,田青看到昔日好友,也是非常开心。这天,哈斯楚鲁和田青到树林中玩耍,忽然,来了几个人把哈斯楚鲁和田青抱走了。张秀才在家中等了好久也不见两个孩子回来,出去找寻了半天也不见孩子们的踪影,十分焦急。自己的孩子丢了没关系,可是哈斯楚鲁是忠信府的公子啊,这可如何是好啊?张秀才急忙连夜赶到忠信府,向旺亲巴勒报告两个孩子失踪的消息。可是,旺亲巴勒听完之后,一点儿也没有着急的意思,张秀才感到十分纳闷,过了一会儿,旺亲巴勒担心张秀才急坏了,就把整件事的来龙去脉告诉了他。张秀才见旺亲巴勒如此用心良苦,深受感动,也就不忍心再推辞。后来,旺亲巴勒又重新开设了私塾学校,教孩子们读书。

北票民间故事具有刚健朴实的艺术风格,不仅有着汉族民间文学擅长叙事的特点,同时还包含了蒙古族民间文学善于比拟描述的艺术特色。北票民间故事的语言通俗易懂,叙事风格也是流畅自然,人物性格也是形象分明,具备了中国民间文学的显著特点,散发着强烈的乡土气息,有着极高的人文价值。北票民间故事所饱含的内容,有的是优美动人的神话传说,有的是引人深思的民间故事,有的是生动朴实的民间歌谣,还有的是警示后人的民间谚语,所有的故事内容都饱含了北票各族人民的智慧结晶,并且深受广大人民群众的喜爱和称赞。

1984年,北票市文化馆编辑了民间故事集《吐默特的歌声》。1985年至1987年,在国家重大人文科研项目民间文学三套集成工程中,编辑了50万字的《中国民间文学集成辽宁卷北票资料本》,并在省评比中荣获了一等奖。2008年,北票市文化局编辑出版了《北票民间文学》第一辑。2008年6月7日,中华人民共和国国务院下发通知,批准公布第二批国家级非物质文化遗产名录,"北票民间故事"被正式列入了国家级非物质文化遗产。

北票民间故事被列入国家级非物质文化遗产，不但填补了北票市国家级非物质文化遗产项目上的空白，而且在第二批国家级非物质文化遗产保护名录民间文学类别中，辽宁省也仅有两项，这是北票市文化事业的殊荣，也是辽宁省非物质文化遗产保护工程的重大成果。伴随着"北票民间故事"申报国家级非物质文化遗产项目的成功，我们相信，北票市的非物质文化遗产保护工作将会迈上一个崭新的台阶。

杨家将传说

【非物质文化遗产百科名片】	遗产项目	杨家将传说
	所属地区	北京市房山区
	入围时间	2008 年
	传承意义	杨家将传说在我国是家喻户晓的英雄传奇系列经典故事，并且以戏剧、小说、影视剧等多种形式在中国民间广泛传播。杨家将的故事还是我国经典的长篇民间英雄史诗，有助于我们树立民族自豪感和激发人们的爱国热情。

杨家将故事在我国是家喻户晓的英雄传奇系列经典故事，我们通过戏剧、小说、影视剧等多种形式对这个故事加深了了解。

杨家将故事主要是对北宋前期的一些人物和事件加以演义丰富，讲

述了杨家四代人保家卫国、忠肝义胆的动人事迹。故事的主要内容是说:

杨继业(杨令公)娶了佘赛华(佘太君)为妻,并生育了七个儿子和两个女儿:大儿子杨渊平(延平),娶的妻子名叫张金定;二儿子杨延定,娶的妻子名叫云翠英;三儿子杨延安,娶的妻子名叫罗素梅;四儿子杨延辉,娶的妻子是罗氏女;五儿子杨延德,娶的妻子名叫马赛英,后来在五台山出家;六儿子杨延昭,娶的妻子是柴郡主,七儿子杨延嗣,娶的妻子名叫杜金娥;还有收的义子杨八郎杨延顺,娶的妻子名叫姜翠屏,号称是"七郎八虎"。两个女儿分别是杨八姐杨延琪和杨九妹杨延瑛。

后来在金沙滩一战中,为了保护宋朝皇帝,杨大郎、杨二郎和杨三郎纷纷战死沙场,杨四郎也被敌军俘虏,改名为木易,并被辽军招为驸马爷,也就有了后人们传诵的"四郎探母"的故事,杨五郎奋勇杀敌,终于突出重围,去了五台山出家为僧。之后大奸臣潘仁美设计陷害,杨令公被困两狼山。杨七郎拼死血战想要突围求救,却被潘仁美下令乱箭射死。没有救兵的援助,杨令公最终撞死在李陵碑。京剧中著名的桥段《李陵碑》说的就是这个故事。

杨六郎娶了柴郡主为妻,并生下一子杨宗保,麾下有大将孟良和焦赞。然而杨家将故事和正史中最明显的差异就是在杨延昭和杨文广父子之间,加入了杨宗保和穆桂英的故事,这样杨延昭和杨文广就成了祖孙的关系。为了破辽军设下的天门阵,孟良前往五台山请来了杨五郎和五位和尚,可是他们说需要降龙木作斧柄才可以大破天门阵。于是杨宗保就去穆柯寨寻求降龙木,并结识了穆桂英,经过一番曲折,二人喜结良缘。最后穆桂英带着降龙木大破天门阵,杨五郎也斩杀了辽军的大将萧天佐。

后来,杨宗保和穆桂英生下了一对儿女,女儿名叫杨金花,儿子名叫杨文广。杨六郎死后,杨家就几乎是一群女人当家。西夏进犯的时候,杨家的女子纷纷出战迎敌,也就有了"穆桂英挂帅"的著名故事。

　　杨家将的故事流传已久，远在宋代的时候就开始在民间广泛流传。明代熊大木编写的《杨家将》一书，就将杨家祖孙三代抗辽保宋，奋勇杀敌的事迹进行了详细的描写，从而让杨家将故事的内容更加丰富多彩。

　　同时，杨家将故事也是我国经典的长篇民间英雄史诗，内容包含了古代说唱艺术、口头讲述和韵文延长相间表演的重要特点，可以说是有说有唱，情感丰富，不仅故事内容丰富曲折，环环相扣，而且还有始有终，将讲述、演唱和表演融为一体。不需要借助舞台等其他条件，随时随地都可以进行表演。除此之外，杨家将故事的语言和唱词也生动丰富，幽默风趣，并融入了许多的方言，从而给人以亲切感，具备了较强的感染力和审美情趣。因此，杨家将故事对研究我国历史、文化、文学曲艺、戏剧、语言学、民间风俗习惯和文化传播学等血多种学科都提供了大量丰富的材料。这对当下进行爱国主义教育和丰富人民群众的文化生活、构建和谐社会都起着良好的推进作用。

　　不仅如此，杨家将的故事是可以和世界其他民族的著名英雄史诗相媲美的一大杰作,是对人类文化史上的一大贡献。杨家将的故事是以汉族为主,融入了历史上的契丹族和蒙古族民间艺人共同创作智慧的结晶,体现了共同的民族记忆和文化。如果对杨家将故事的思想内容、地方方言、说唱形式、叙事方法、结构特点和描写技巧等方面在保护的基础上进行仔细深入的研究考证,必将会更大程度上丰富和完善我们对国家传统文化的认识。因此,杨家将的故事是古人留给我们的一笔巨大的宝贵的文化遗产,是急需我们深度挖掘、保护和传承的文化财富。

藏族婚宴十八说

【非物质文化遗产百科名片】	遗产项目	藏族婚宴十八说
	所属地区	青海省
	入围时间	2008 年
	传承意义	藏族婚宴十八说是广泛流传于青海东部农业区的一种民间口头文学,是依据藏族婚俗产生和发展形成的,语言通俗易懂,幽默风趣,不仅具备丰富的文化内涵,同时还承载了悠久的历史传统和独特的民族特色,这对藏族历史学和民俗学等各个方面有着极高的研究价值。

在我国民间有这么一种说法:婚宴进行十八昼夜,婚礼祝词有十八道程序。这里所说的就是婚宴十八说的真实写照。婚宴十八说自始至终都贯

穿于婚礼当中,表现形式也是说唱为主,都是即兴表演而来的,一般都是由十几个人分不同阶段去完成,有时甚至需要好几天的时间。然而,在经过几百年的发展演变之后,如今的藏族婚宴十八说所包含的具体内容有:

一、祭神:姑娘出嫁之日的清晨,由其家人焚香祭祀山神及家神,保佑姑娘从此走上新的人生路程。

二、梳辫说:从部落中挑选手脚勤快、有夫有子女、容貌出众、口碑好的中年女子二至三人为出嫁姑娘梳辫,同时由其哥哥或其他长辈致辫发词。

三、梳子说:一般由梳辫的女子来说。

四、哭嫁歌:姑娘即将出门时,由她或其姐姐等女性长辈说的分别词。

五、出路歌:也是由姐姐等女性长辈说的一种分别词。

六、父母的教诫:临上马时,新娘的父母拉着女儿的手说的一种词。

七、马说:送亲队伍骑马至新郎家附近时,由迎亲人员先赞颂送亲队伍的马,因马是以前结婚时最常用的交通工具,甚至对马鞍等都有相应的说词。

八、垫子词:马的颂词说完了,骑马的送亲队伍即将下马时,将提前备好的垫子铺在地上,让送亲队伍下马,此时,就有垫子的赞颂词。

九、土地颂:送亲队伍下马接过哈达,喝了迎宾酒后,就要祭当地的山神,表示我踏入了你的地盘,请多多关照。

十、房屋:进入新郎家后,先要祭新郎家的护法神,继而赞颂房屋。

十一、茶说:当第一杯香喷喷的奶茶端到手里后,就要展开茶说,之后便可开饭。

十二、酒说:当饭吃到一定的时候,就要开始敬酒,此时有酒说。

十三、婚礼宴说:等酒足饭饱后,开始婚礼宴说,这是婚礼中最主要、也是最精彩的部分,一般由送亲队伍中资格最老的人来说。

十四、系腰带:送亲队伍给新郎系一条新腰带,一般由新娘的哥哥等人边系腰带边说。

十五、衣服说:给新郎系好腰带后,便开始将新娘的衣服一件件晾出来,并开始衣服说。

十六、祝福:等前面的手续基本结束后,便有一老人祝福新郎新娘。

十七、嘱托:婚礼快结束时,由新娘家的人将新娘嘱托给新郎父母亲及其亲朋好友。

十八、吉祥词:婚礼结束时有一段吉祥词,是对婚礼的总结,也是对未来的祝愿。

不仅如此,藏族婚宴十八说中所包含的一场场丰富多彩的歌舞活动、一道道的珍馐美味和精致华贵的藏族服饰,都呈现出藏族文化的多元性。

藏族婚宴十八说主要流传于互助土族自治县、乐都县、民和回族土族自治县、化隆回族自治县、循化撒拉族自治县等地的藏族群众聚居乡,居住在这里的藏族人民基本上都是处在浅山地区,并且世世代代以从事农耕为主,并兼营畜牧业。根据有关了解统计,在《吐蕃历史文书》等相关文献中的文字记载,藏族婚宴十八说的历史渊源,从时间和空间上是根本无法计算的,但是却依赖于婚姻生存的各种民俗,例如古时候文成公主和松赞干布在拉萨成亲的时候,为了烘托整个婚礼的气

氛,就有人祝词庆贺,形式和婚宴十八说中的有些情节十分相似,由此可见,藏族婚宴十八说的历史十分悠久。

藏族婚宴十八说承载了十分丰富多彩的文化内涵,从中我们也可以挖掘出许多尚未被发现的藏族文化信息,这些远古时期的文化信息,只有通过婚宴十八说这种载体才能得以保存。如果不好好加以保护,那么这些非常宝贵的文化信息就会丢失。因此,藏族婚宴十八说的研究,对人们在历史学、民俗学、民族学和语言文学等各个方面都有着极高的学术参考价值。

挖掘、抢救、整理和保护藏族婚宴十八说,在整个藏族民间文化中占有很重要的地位。

2008 年 6 月,藏族婚宴十八说经国务院批准列入第二批国家级非物质文化遗产名录。这对藏族婚宴十八说的发扬光大有着重要的意义。

汗青格勒

【非物质文化遗产百科名片】	遗产项目	汗青格勒
	所属地区	青海省海西蒙古族藏族自治州
	入围时间	2008 年
	传承意义	汗青格勒在蒙古族民间文学中极为罕见，具有重要的历史研究价值，是蒙古族文化宝库中的一朵奇葩，是蒙古族人们聪明才智的结晶，被省内外众多学者推崇为青海蒙古族民间文学的三个顶峰之一。

汗青格勒是我国青海省蒙古族著名的英雄歌舞史诗巨作，是蒙古族文化宝库中的一朵奇葩，是蒙古族人民聪明才智的结晶。其主要讲述的内容是：

统辖整个西北高原地区的巴音呼德尔阿拉腾汗的太子汗青格勒要到很远的地方去娶亲，路上的时候碰到了猎人玛德乌兰，两人便相约一起赶路。两人顺利地通过了三个大难关的挑战来到了姑娘的家中，然而正在这个时候，上天的库勒格呼和巴特尔也来娶亲，双方因此发生了争执，见二人争执不下，姑娘的父亲便提出了用摔跤、射箭和赛马竞赛的方式来决定由谁来娶走他的女儿。

经过一番激烈的竞赛之后，汗青格勒战胜了上天的库勒格呼和巴特

尔,娶了姑娘娜仁赞丹为妻。可是当汗青格勒回到自己的国家的时候,发现蟒古斯(魔王)掠走了汗青格勒的父亲和家中所有的财产,家乡也成了一片废墟。汗青格勒看到这个情况,愤怒不已,就去找蟒古斯报仇。汗青格勒在去找蟒古斯复仇的路上克服了种种困难,最终将恶毒的蟒古斯杀死,救回了自己的亲人,保卫了自己的国家。汗青格勒在返回国家以后,举行了一场盛大的婚礼,从此过上了幸福美满的生活。

汗青格勒的故事主要体现了汗青格勒热爱家乡、热爱国家和热爱人民的崇高品德,宣扬了一种英雄主义精神,倡导人民追求自由和平以及平等互爱的幸福生活。

海西蒙古族所流传的《汗青格勒》具备了海西当地的地方特征,是海西蒙古族民间艺人以说唱或者演讲形式,用质朴的语言、形象而又生动地反映了蒙古族的历史和社会生活以及生产状况。汗青格勒在蒙古族民间文学中极为罕见,具备了重要的历史研究价值,是蒙古族文化宝库中的一朵奇葩,是蒙古族人民聪明才智的结晶,被省内外众多学者推崇为青海蒙古族民间文学的三个顶峰之一。

不仅如此,蒙古族史诗在我国民间文学领域,甚至在国际蒙古学研究领域都是人才辈出,成绩斐然的一门学科。发掘、抢救和保护汗青格勒这部英雄史诗,不仅对丰富和完善中国民间文学空白,甚至对世界民间文学的丰富和完善,都有着极为重要的推动作用和重大意义。

目前,国务院公布的第二批国家级非物质文化遗产名录和首批非物质文化遗产扩展名录当中,海西蒙古族藏族自治州有两项非物质文化遗产名列其中。其中,海西蒙古族英雄史诗《汗青格勒》被列入第二批国家级非物质文化遗产名录。

走马镇民间故事

【非物质文化遗产百科名片】	遗产项目	走马镇民间故事
	所属地区	重庆市九龙坡区
	入围时间	2006 年
	传承意义	走马镇有着"民间文学之乡"的美称,走马镇民间故事内容也是十分广泛,蕴藏着厚重的远古文化信息。能够为我国人类学、文化学、宗教学、民族学和方言学等多种学科提供重要的研究参考价值。

走马镇有着"民间文学之乡"的美称,走马镇民间故事的内容十分丰富多彩,类型多样,数量庞大,蕴藏着厚重的远古文化信息。其中一则《五

女峰》的故事，就在民间广为流传，故事内容主要说的是：

　　自从七仙女私自下凡以后，王母娘娘和玉皇大帝感到极为恼怒，就将七仙女收回天宫并严加看管，不允许她们私自离开天宫一步。然而，几位仙女们的心里却一直向往着人间自由自在的生活。这一天七位仙女聚在一起，偷偷地商量要找一个机会再次去人间。大仙女说："母后每年过寿，都会有众多神仙带着礼物前来祝寿，我们为什么不趁着这个机会偷偷去人间，不仅可以带一些人间的奇珍异宝献给母后，而且还可以借机在人间多玩上好几个月，如此一来岂不是两全其美的办法吗？"其他几位仙女听完以后，都觉得这个方法可行，可是转念一想人间有什么东西是最为珍贵的呢？大仙女又说："我听说长白山有千年人参，吃了以后可以长生不老。我们为什么不前去请求母后恩准我们的请求呢？"姐妹几个商量完了以后就一起前去拜见了王母娘娘，并说明了来意。

　　王母娘娘在听完几位仙女们的请求以后，就有点动心了，心中暗暗想道：很早就听说长白山的千年人参有让人返老还童的能力。可是家有家

法，天有天规，仙女是不可以私自下凡的。那么我该派谁去好呢？要是派去的人不可靠，中途出现了变故，那么岂不是会坏了大事！"王母娘娘觉得自己年岁已高，如果可以在自己寿辰的日子里吃到千年人参，也是一件不错的事情。于是她就将七个女儿喊到身边说："既然你们有如此孝心，那么我就破例一次，答应让你们到长白山去寻找千年人参。不过，老七之前已经犯了天规，不可以再下凡，老六你也要留下来陪我。"然后就命令大女儿带着其余四个妹妹下凡。

到了第二天，五位仙女就兴高采烈地向长白山飞去。一路上她们笑声不断，不知不觉就飞过了六十六道山岭，游过了九十九座山。当她们路过老岭山脉的时候，一下子被这里的秀丽风景给深深迷住了。几位仙女经过一番商量，就打算在这里游玩几天再去长白山寻找千年人参。于是，五位仙女就打扮成采药的村姑，遇人就说自己是上山采药的，没有人的时候就会偷偷地在奥绿水河中玩耍。在这段游玩的时间里，几位仙女经常会遇到附近村子里的一个名叫高台的人。

高台每天都是早出晚归，路过这个地方。她们听说高台的父母早逝，现在是独自生活，为人也是忠厚善良，勤劳勇敢，经常帮助别人。有一天五位仙女假装上山采药迷了路，就故意上前拦住高台，让他带路一同上山。高台被突如其来的这个状况弄得有点懵，顿时羞红了脸，心想：我一个小伙子和几个姑娘在一起，这怎么行呢？仙女猜到了高台的心思，便假装非常伤心着急的样子说："我们家中的母亲病重，听说这个地方有千年人参可以治病，我们姐妹几个对这里的地形又不熟悉，就请你帮个忙吧。"高台听完以后，被他们的孝心所感动，再说这里山高地险，经常有野兽出现，他怎么可以见死不救，不帮忙呢？于是就答应和几个仙女一起上山寻找人参。

从这以后，高台就和五位仙女经常在山里四处寻找，过了半个月，终于找到了一颗千年人参。母后的生日也快要到了，五位仙女告别了高台，千恩万谢，依依不舍地回到了天庭。自从五位仙女找到了千年人参以后，就备受王母娘娘的宠爱，看管也没有以前那么严了。几位仙女自从回到天庭以后就时常想念高台，并且经常偷偷下凡到绿水河边等候高台路过此地，好见上一面。可是一连好多天都没有见到。

这一天，五位仙女又相约偷偷地来到了绿水河边，等到傍晚也没有见到高台。大仙女就说："今天的时间也不早了，我看我们还是先回去吧，不然等天门关了我们就回不去了。"可是另外一个仙女却说："我们还是再等一会儿吧，说不定等一会儿就能见到他了呢"。话刚说完，就看见高台身背弓箭，肩扛猎物，从绿水河对面的树林子里走了出来。这个时候太阳已经落山了。五位仙女十分高兴地迎了上去，大家有说有笑，就把回天庭的事情给忘了。

忽然天空电闪雷鸣，狂风阵阵。原来天门关了以后，王母娘娘发现自己的五个女儿都不见了，就派天兵天将到处寻找，得知五位仙女偷偷下凡会见高台，恼怒不已，玉皇大帝听说以后，就命令天兵天将将五个女儿打入凡间，就地点化为石躯，永远留在凡间。电闪雷鸣过后，五位仙女也不见了，只见绿水河边新矗立了五座山峰，事后百姓才得知，这五位采药的村姑原来是天上的五位仙女，于是就给这五座山峰起名为"五女峰"。

走马镇民间故事历史悠久，在历史传承的过程中不断得以充实发展，内容丰富多彩，类型多样，数量庞大，讲述者也是非常的多。走马镇民间故事主要包括了神话传说、风物传说、动植物传说、民俗传说、生活故事等多个种类，这些故事的内容十分广泛，包含了许多远古时代的文化信息，例如巴人龙蛇图腾的传说，就是古代巴文化的重要遗存。

不仅如此，走马镇民间故事的数量也非常多，后人在编纂"民间文学三套集成"的时候，就采录到民间故事目录高达 10915 个，实际收录完成数达到 9714 个,除此之外,还记录民间歌谣 3000 多首、谚语 4000 多条,歇后语和俗语等 4000 多条。不仅如此,走马镇民间故事还具备了讲述时机和场合的多样性、故事构成的多元性、本土文化和外来文化的共存性等特征。

但是,目前的走马镇民间故事正面临着严重危机,其存在的主要问题就是缺乏传承者。抢救、保护和传承走马镇民间故事,不仅可以丰富人民群众的文化生活,而且还能够为人类学、文化学、宗教学、民族学和方言学等多种学科提供研究资料。值得庆幸的是,2006 年 5 月 20 日,走马镇民间故事经国务院批准列入第一批国家级非物质文化遗产名录。2007 年 6 月 5 日,经国家文化部确定,重庆市九龙坡区的魏显德为该文化遗产项目代表性传承人,并被列入第一批国家级非物质文化遗产项目 226 名代表性传承人名单。

伍家沟民间故事

【非物质文化遗产百科名片】	遗产项目	伍家沟民间故事
	所属地区	湖北省丹江口市
	入围时间	2006 年
	传承意义	伍家沟民间故事是我国民间文学宝库中的一朵奇葩,被国内外有关专家称之为"民之瑰宝,族之精魂"、"中国民间文化的活化石"、"中国民间故事的半坡遗址"。

有着"民间故事村"美称的伍家沟,故事种类繁多,内容丰富多彩,包括神话、传说、故事、语言和笑话等六大类别。其中有一则非常著名的故事《人狗成亲》就受到了众多人的喜爱,故事的主要内容讲述的是:

古时候,一场突如其来的大火几乎将人类全部毁灭。只有一个姑娘和一条狗躲进了枯井中,才躲过了这场灾难,幸存了下来。后来,姑娘和狗成了亲,繁衍人类。他们的后代都是人形狗尾。随着时间的推移,狗的尾巴也逐渐地消失,只留下了个尾巴桩儿。

《人狗成亲》的主要内容分为两个部分:第一部分是荒火毁灭了世界;第二部分是人狗成亲,再造人类。其实这个故事和人们常见的洪水神话情节有许多相似的地方。但是,荒火毕竟没有洪水那么经常和普遍,对远古时期的人们的威胁也相对的较少；兄妹成亲，在远古的时候是极为正常的现象，可是人狗成亲却完全属于子虚乌有的事情，只不过是后人对于狗图腾崇拜的派生物而已，所以容易被后人所忽视，这也就是荒火神话无法像洪水神话那样多见和普遍的原因所在。

伍家沟民间故事的传承状况和河北耿村齐名，民间的文艺界中一直流传有"北有耿村，南有伍家沟村"的赞誉。伍家沟处于武当山的褶皱里，相对封闭，因此原生态的内容比较多，例如武当山的传说、陈世美的传说和有关当地的传说等等，都是极具当地特色的传说故事。这些传说故事历史悠久，例如《人狗成亲》这一类的神话首次在伍家沟故事中发现，从中可以看出原始社会荒火为害和以狗为图腾的现象；《挖断岗》则传达了有关生殖崇拜的信息；李自成到过武当山地区的传说更是人们第一次听说。伍家沟民间故事内容生动活泼，有的老人至今还将一些故事如《林家庄遇鬼》、《狐狸精偷鸡》、《吃过鸡蛋捏碎壳》等当成了事实。由此可见，伍家沟民间故事的表现形式的传承具有一定的群众性。

伍家沟民间故事是我国民间文学宝库中的一朵奇葩，在价值取向上提倡以孝为先，主张勤俭持家；宣扬有恩必报，重视兄弟朋友之间的义气；歌颂至死不渝的爱情，希望天下的有情人终成眷属；尊重读书文化人，重视科学技艺，总的来说是积极向上的，普遍反映

了下层人民的人生理想以及追求。

不仅如此，伍家沟民间故事还被国内外有关专家称之为"民之瑰宝，族之精魂"、"中国民间文化的活化石"、"中国民间故事的半坡遗址"。虽然这在一定程度上让伍家沟民间故事受到了社会上的广泛关注，但是伴随着人们生活方式的改变，文化生活呈现出的多姿多彩，伍家沟民间故事生存的社会环境也受到了猛烈的冲击。

民间故事对我国民间文学来说极为珍贵，要想让伍家沟民间故事得以发扬光大，最根本的办法就是从故事内容着手。文化的沉淀和宣扬可以带动一方经济的飞速发展。伍家沟民间故事的生命力极强，有很多故事都已经流传了几千几百年，不应该就这样被湮灭在历史的长河里。

因此，保护好伍家沟民间故事，将会是留给未来社会、和谐社会最为珍贵的遗产。2006年5月20日，伍家沟民间故事经国务院批准列入第一批国家级非物质文化遗产名录。

古渔雁民间故事

【非物质文化遗产百科名片】	遗产项目	古渔雁民间故事
	所属地区	辽宁省盘锦市大洼县
	入围时间	2006 年
	传承意义	古渔雁民间故事是一部中华民族的海捞史,也是一部沟通中西文化的组成部分,堪称中华民族海洋文明的一朵奇葩。

　　从古至今, 在我国的辽河口海域的二界沟小镇一直都居住着一群特殊的打鱼人群体,即"古渔雁"的聚集之地。这里的人们没有远海捕捞的实力,只能顺着沿海的水陆边缘不断迁徙,在江河入海口之处的地方打捞鱼虾等物。由于这些人都过着一种不定居的原始渔猎的生活,所以辽河口民间都称之为是"古渔雁"。这些人经过几千年的不断迁徙,中间也饱受了大自然的各种考验,最终沉淀出一种浓厚的渔雁文化。

　　二界沟的古渔雁主要是从华北的冀中、冀东地区通过旱陆和水陆的方式最终迁徙到此地的打鱼人, 这些人就是古渔雁民间故事的创作者和传承者。由于生计的这一特殊性,古渔雁民间故事和一般的海岛渔村的民间故事有着明显的区别。古渔雁民间故事有着鲜明的渔雁生计特点和原始文化遗韵,这对这一群体的历史和生活、习俗和传统、信仰和文化创造等有着各个方面的体现。另外,古渔雁民间故事都是由一篇篇篇幅短小的故事构成,情节也比较简单,内容原始,很少有发展和变化。

因此,古渔雁民间故事指的就是发生和流传于辽宁省盘锦市大洼县辽河口海域的二界沟一带,以渔业文化为基础的民间故事。故事的主要内容包括"古渔雁"始祖的崇拜、"古渔雁"海神的崇拜、"古渔雁"龙王的崇拜、"古渔雁"的祭祀和庆典、"古渔雁"渔具的起源和发展演变等等。因此,古渔雁民间故事具有重要的历史价值、极高的科学价值、独特的文化价值和重大的现实意义。

古渔雁民间故事是一部中华民族的海捞史,是一部沟通中西文化的重要组成部分,可以说是中华民族海洋文明的一朵奇葩。古渔雁民间故事主要是口述的方式,比较完整地记述和反映着这一古老的人类文明。古渔雁民间故事总的神话故事和传说故事所呈现出的原始性,具有重要的历史参考价值。不仅如此,古渔雁民间故事中有关古代渔具、造船、航

海、加工的经验和技术的传说,也具备了极高的科学价值,而古渔雁故事中表现的敢于冒险精神和敢于开拓新航线,敢于发现新渔场的开拓精神,则具备了更加独特的文化价值,这对人们强化海洋意识、发展海洋经济和净化海洋环境都有着极为重要的现实意义。

然而,由于生计的特殊性,古渔雁群体在我国历代社会都是处于一种边缘状态,我国的古史文献对此也是很少有文字记载。再加上这几年,这一生计方式在我国沿海和世界各个海口区域大部分都已经中断,老一辈的古渔雁也都相继过世,因而古渔雁民间故事也面临着消失的问题。对此,辽河入海口二界沟尚存的古渔雁民间文学更加显得珍贵,急需进行有关保护措施。

值得庆幸的是,盘锦市刘则亭先生挖掘、搜集、整理、传播的"古渔雁民间故事"于 2006 年 5 月 20 日被国务院,文化部确定其为第一批国家级非物质文化遗产。2006 年 6 月 7 日,国务院文化部公布了非物质文化遗产名录,"古渔雁民间故事"排在第 18 位。

耿村民间故事

【非物质文化遗产百科名片】	遗产项目	耿村民间故事
	所属地区	石家庄藁城市
	入围时间	2006 年
	传承意义	耿村民间故事历史悠久，内容丰富多彩，在我国民间文学史上有着"耿村故事甲天下，口碑历史冠中华"的美誉。耿村民间故事所表现出来的审美观、价值观和科学认识、道德教化以及娱乐功能，对建设社会主义精神文明、丰富广大人民群众的文化生活、提高人民群众素质修养、构建社会主义和谐精神有着重要的现实意义。

耿村，在我国有着"中国民间故事第一村"的美誉，地处冀中平原，隶属河北省藁城市常安镇。这是一个只有 280 多户，耕地面积只有 1300 多亩的平原小村庄。根据当地地方志中的记载，明太祖朱元璋的义父耿再辰死后就葬在此处，之后派了该县靳氏七人前来看守墓穴，逐渐形成了一个村落，起初的时候这里叫看坟庄，后来村里的人嫌名字不好，就改为耿村。

耿村民间故事是藁城市独有的一种文化现象，曾经吸引过许多国内外专家学者前来考察访问。早在朱元璋时期就有"北有京津，南有耿村"、"一京二卫三耿村"的说法。许多南来北往的商人们都把他们所听到看到的奇闻趣事讲给耿村人听,耿村人也就会把自己的故事和笑话讲给他们听,时间久了就形成了丰富多彩的耿村民间故事。

其中一则小故事就极具耿村民间故事的风格,故事内容讲述的是:很久以前,在一个山里住着一对老两口,守着三间茅草屋,喂着一头毛驴。这一天,下起了大雨,老两口就在家里看着屋顶说:什么都不怕,就怕这屋顶漏雨。刚好这个时候,一个小偷来偷毛驴,天还没黑,那个小偷也不敢偷,就趴在牲口棚上等着。巧的是,又来了一只老虎,也想来偷吃毛驴。老头子就在家里嚷道:天不怕,地不怕,就怕漏。老虎听了一想:我可是百兽之王,大家都怕我,现在怎么又来了一个"漏"?难道这个"漏"比我还要厉害吗?老虎转念一想,不管了,先吃了再说。

说着它就往牲口棚里走。小偷一看来了个老虎,吓得一下子就从牲口棚上面摔了下来,刚好掉在老虎的身上。老虎以为掉下来的就是"漏",吓得撒腿就跑,老虎跑得飞快,小偷趴在老虎身上下不来。老虎跑了很久终于跑不动了,就在一棵大树下休息,小偷趁着这个机会赶紧爬上了树,老

虎一看,这个"漏"怎么上树了,也不吃我呢?难道他也怕我不成?老虎和猴子是非常好的朋友,猴子会上树,老虎就让猴子上树去看看这个"漏"到底怕不怕它。要是怕它,就把它弄下来吃掉,要是不怕他,就赶紧跑。

老虎打定主意,就去找猴子,到了猴子那里,把这整件事情一说,猴子听完以后说道:"你跑得飞快,可是我却跑得很慢。这个'漏'又会上树,要是他吃了我怎么办呢?"老虎说:"这个你不用担心,我们弄个绳子,一头绑在我的尾巴上,另外一头绑在你的尾巴上,到时候要是'漏'要吃你的话,我就使劲带着你跑。"两人商量完毕,老虎就带着猴子来到了树下,猴子对老虎说:"我要是一摆手,你就赶紧跑,不然它就会吃了我的。"老虎同意了,然后就待在下边守着,猴子就朝树上爬。小偷看老虎又带来了一只猴子,眼看着就要爬上来了,把这个小偷吓得拉屎了,还刚好拉在了猴子的脸上,猴子用手一抹,往下一甩,老虎看到猴子用手一抹,以为是在摆手,赶紧就跑了起来,就这样把猴子给拖死了。等老虎跑的没力气了,回头一看,"漏"没有追过来,再看一眼猴子,发现早就已经死了。

耿村民间故事内容丰富多彩,包含了上至开天辟地的神话、风物传说、历朝历代的人物和史实传说,下至民国、抗日战争、解放战争和解放后的新生活、新人物。耿村民间故事形成了一条历史长链,覆盖了二十多个省区市、一百七十多个县市,串联起来就是一部比较完整的中国历代野史。从而也就有了"耿村故事甲天下,口碑历史冠中华"的美誉。不仅如此,耿村由于故事资源丰富,讲述人集中,也就被命名为"故事村"。耿村传承的故事内容涉及了社会学、伦理学、历史学、宗教学、哲学和文学等方面,有着很高的学术价值。另外,耿村故事所体现出来的审美观、价值观和科学认识、道德教化、娱乐功能对建设社会主义精神文明、丰富人民群众的文化生活、提高人民群众素质、构建和谐社会有着积极的现实意义。

然而,伴随着时间的流逝,现有的耿村故事家大都已年老,当下的青年一代对这类故事的兴趣又比较淡薄,因此,耿村民间故事正面临着传承断代的危险,急需有关部门进行抢救和保护。值得庆幸的是,国家对非物质文化遗产的保护非常重视。2006 年 5 月 20 日,耿村民间故事经国务院批准列入第一批国家级非物质文化遗产名录。2007 年 6 月 5 日,经国家文化部确定,河北省藁城市的靳景祥和靳正新为该文化遗产项目代表性传承人,并被列入第一批国家级非物质文化遗产项目 226 名代表性传承人名单。

在一个只有一千多人的小村庄里发掘出如此宝贵的文化资源,可以说是民间文学的一个奇迹。耿村不仅是汉民族居落群体口头文学的宝库,同时还是平原地区汉民族居落民间文学的一个观察点。海外著名的民间文艺专家金荣华教授就曾称这是"世界第一","是中华民族值得骄傲的事情"。

八达岭长城传说

【非物质文化遗产百科名片】	遗产项目	八达岭长城传
	所属地区	北京市延庆县
	入围时间	2008 年
	传承意义	八达岭长城传说是我国宝贵的原生态文学样式，它起源于民间，方言特点突出，并且将浪漫主义和现实主义巧妙地融合在一起，具有了浓厚的神话色彩和传奇色彩，是我国长城文化的重要组成部分。

八达岭长城历史悠久，从古至今都是军事重地和交通要道。由此基础上所广泛流传的八达岭长城传说的内容十分丰富。

最开始的时候有关八达岭长城的传说是来源于上古神话，并产生于文字创造之前，反映了远古时代人与自然界的关系。到了明代时期，沿着八达岭长城一带修建了八大山寨，由于每一个寨子中都聚有士兵，所以导致了每个村庄、寨子、城池、关卡、甚至石头、泉水等衍生出传说故事。例如历代相传下来的"望京石""六郎影""金牛洞""石佛寺""穆桂英点将台""弹琴峡"等传说，直到今天亦为人津津乐道。就连"八达岭"这个名称的由来，在我国民间都流传有许多不同的版本。

　　八达岭长城传说的内容涉及面非常的广泛,种类繁多,内容丰富多彩,深刻表达出了人民群众的思想情感。其中,八达岭长城传说主要就包括了《仙女点金砖》、《长城三关的来历》、《张果老修拐脊楼》和《二郎神与赶山鞭》等。这些传说具有鲜明的地方特色,表现形式也是别具一格。同时,八达岭长城地区的风物传说包括了关沟72景传说以及关隘、城堡、烽火台和村寨的传说等;八达岭这个名称由来的传说主要包括了《元仁宗诞生于延庆》、《李自成进京》、《把鞑岭》等。除此之外,八达岭长城传说还详细记载了八达岭长城一带人民群众的日常生活、风俗习惯和历史人物的传说故事。

　　八达岭长城传说的产生不仅和当地的特殊环境、历史因素有关,同时还和当地的历史事件、日常生活,风俗习惯等因素紧密联系。八达岭长城传说融入了多种多样的民俗风情,沉淀了五彩纷呈的文化现象,这些优美的传说故事在传承的过程中经历了无数人的不断讲述、充实,从而促进了八达岭长城传说能够经久不衰,流传至今。这对于我们今天弘扬民族文化,研究民间文学艺术都起到了积极的推动作用。然而,随着时间的推移,八达岭长城传说也受到了其他文学艺术的强烈冲击,再加上传说讲述者们日渐减少,当下正面临着失传的危险。

　　然而, 值得庆幸的是,2008 年 6 月 7 日被国务院批准将八达岭长城传说列入了第二批"国家级非物质文化遗产名录"。从此以后,八达岭长城的传说在东起辽宁虎山,西至甘肃嘉峪关,总长度为 8851.8 公里,从东向西行经我国十个省(自治区、直辖市)的长城传说故事当中,率先在国家的层面上得到了抢救、保护,这一举措不管是在北京市,还是全国,都具有十分重要的意义。

崂山民间故事

【非物质文化遗产百科名片】	遗产项目	崂山民间故事
	所属地区	山东省青岛市
	入围时间	2008 年
	传承意义	崂山民间故事具有乡土大众文化和山海文化相互融合的特征,之后在经过世俗文化和宗教文化的相互渗透中不断发展,富有鲜明的地域特色。具有较高的历史价值和文学价值。

崂山位于青岛市东部,素有"海上名山第一"、"神仙窟宅"、"灵异之府"的美誉。千百年来不仅孕育了历代文人墨客众多的名篇佳作,同时也蕴藏了大量丰富的神话、传说和故事。

每当说起崂山民间传说故事,人们很快就会想起蒲松龄笔下的那个崂山道士,其实这个故事只是崂山民间故事中的一个而已。

《崂山道士》故事主要讲述的内容就是:海边有一座山,人们称之为崂山,山上住着一位神仙,人们称呼他为崂山道士。相传崂山道士会很多凡人不会的法术。在距离崂山几百里路之外的县城里,住着一位叫王七的人。王七很小的时候就非常崇拜法术,后来听说崂山道士会许多的法术,于是就告别了家人，前往崂山上去寻找崂山道士。王七历经千辛万苦终于来到了崂山，见到了崂山道士，交谈中，王七感觉到崂山道士非常有本事，就恳求收自己为徒弟。崂山道士将王七上下打量了一番后，对他说："看你一副娇生惯养的模样，恐怕吃不了苦。"王七听后再三恳求，崂山道士才答应收他为徒弟。

半夜，王七看着窗外的月光，联想到自己很快就可以学到法术，心中充满了喜悦之情。第二天一大早，王七就跑到了崂山道士面前，满以为崂山道士会向他传授道术，没想到却给了他一把斧头，让他跟着其他师兄们一起上山砍柴。对此，王七的心里感到非常不高兴，可是也没有别的办法，只能听从师父的命令。来到山上一看，发现到处都是荆棘乱石，没过多久，王七的手上、脚上就都磨起了血泡。

就这样，转眼一个月就过去了，王七的手脚渐渐磨出了老茧，他再也无法忍受整天砍柴割草的辛苦，不禁有了回家的想法。晚上，王七和师兄们一起回到了道观，看到师父和两位客人正谈笑风生的饮酒。天已经黑了，屋子里也都没有点灯。只见师父拿起了一张白纸，然后剪成了一个圆镜的模样，朝墙上一贴，刹那间，那张纸就像月亮一样放出了光芒，照的整间屋子分外光亮。这个时候，其中一位客人说："如此美妙的夜晚，还有丰盛的酒席，大家应该一起同乐一场。"道士听完就拿起一壶酒递给自己的徒弟们，叫他们

尽情地喝。

王七见此不禁范起了嘀咕"我们这么多的人，给我们这么一小壶的酒，哪里够喝呢?大家就半信半疑地拿起了酒壶往碗里倒酒。奇怪的是，倒来倒去，酒壶里的酒始终都是满满的。王七心里感到十分诧异。又过了一会儿，另外一位客人对崂山道士说:"现在虽然有明月高照，可是光喝酒又有什么意思呢?要是再有几个人来跳舞助兴就更好了。"道士听完笑着拿起了一根筷子，对准白纸轻轻点了一下，只见月光中忽然走出了一个一尺长短的美丽女子。她一落地，就和普通人一样高大，身形苗条，肌肤洁白，容貌秀丽，唱起歌来。

一首歌唱完，只见这名女子凌空而起，竟然跳上了桌子，正当大家惊慌失措的时候，她已经变成一根筷子。看到这一切，王七惊诧连连。这时一个客人说:"今天我很高兴，可是不早了，我要回去了。"于是崂山道士和两个客人移动酒席，挪进了月亮。月亮也就渐渐地暗了下去，徒弟们赶忙点上了蜡烛，只见师父独自一人坐着，两位客人已不知去向，只有桌子上还留有剩酒剩菜。

又过了一个月，师父还是不传授一点法术给王七，王七实在坚持不下去了，就跑去找师父。见到师父，王七说:"弟子远道而来，即使学不到长生不老的法术，也请师父您传授我一点别的小法术把，这样也算是一个安慰啊。"王七看师父只是微笑并回答，十分焦急，急忙又说道:"我现在每天早出晚归，砍柴割草，我以前在家里哪里吃过这样的苦。"师父听完王七的这番话之后笑着说:"我早就看出来你不能吃苦，如今果然如此。明天一早你就回家去吧。"王七继续央求道:"还求师父您传我一点小法术，也算我没有白来这一趟。"师父就问:"那么你想要学什么法术?"王七回答道:"徒弟经常看师父走路，墙壁都挡不住，我就学这个好了。"师父笑着答应了，就让王七跟随他去。

他们来到了一堵墙面前，师父把过墙的咒语告诉了王七，让他自己念着。王七刚念完咒语，师父用手一指，喊了一声"进墙去"。王七面对这墙壁，两腿直打颤，不敢上前。师父又喊："你试试看，不用怕，走进去。"王七走了几步又停了下来，师父不高兴地说："低下头，往前走就是了。"王七只好硬着头皮往前走，不知不觉就穿到了墙的另一面。王七十分高兴，赶忙拜谢了师父。师父对他说："你回家以后要老老实实做人，否则，法术是不会灵验的。"

王七兴高采烈地回到了家中，对着妻子夸口说："我遇到了一位神仙，学会了法术，现在连墙壁都阻挡不了我了。"妻子一副怀疑的表情，说世上怎么会有这样的事情。王七见妻子不信就赶忙念起了咒语，朝家中的墙壁奔去。

只听一声响，王七的脑袋撞到了墙上，跌倒在地。妻子赶紧将王七扶了起来，只见他额头上隆起了一个大包。王七十分沮丧，妻子感到十分好笑地说："世上就算有法术，可是像你这样两三个月也不可能学会的。"王七想到那天自己明明可以穿过墙壁，于是就怀疑是崂山道士有意捉弄自己，不由气愤地大骂起崂山道士。从此之后，王七仍然是一个不学无术、游手好闲的人。

崂山民间故事，俗称"拉呱"，是崂山人民千百年来集体创作的口头文学，在我国解放之前是没有任何相关的文字记载。崂山民间故事的种类繁多、数量巨大、内容丰富，根据现已搜集到的崂山民间故事内容来推断，崂山民间故事最早发生于远古年代。根据《山东省志·蒲松龄传》中的记载，康熙十一年(1672 年)四月，32 岁的蒲松龄随本邑缙绅高珩、唐梦赉在崂山游玩的时候，受到了当时崂山民间传说故事的启发，以崂山耐冬、牡丹和崂山道士为题材写成了短篇小说《香玉》和《崂山道士》，这也是最早记载崂山民间故事的文字。

　　崂山民间故事的内容主要包括了神话、传说和故事等几个方面，包含了自然变化神话、英雄神话、历史人物传说、宗教人物传说、仙道传说、山川传说、特产传说、鬼狐精怪故事、动物故事、生活故事和机智人物故事等5600多个。并且在受到自然、地理环境和道教文化的影响，在崂山的民间故事中，数量最多且最有崂山特色的就是风物传说、宗教人物传说、鬼狐精怪故事和海洋故事。不仅如此，崂山民间故事具有乡土大众文化和山海文化相互融合的特征，之后在经过世俗文化和宗教文化的相互渗透中不断发展，富有鲜明的地域特色。具有较高的历史价值和文学价值。

　　崂山民间故事历史悠久，千百年来作为口头文学在民间广泛流传着，历久不衰，是崂山文化遗产的重要组成部分。然而，一直以来，如此神奇宝贵的民间文化珍品却没有得到应有的重视，随着时间的流逝，讲述者的过世，崂山民间故事也面临着消失的危险。

　　为了让崂山民间故事得以传承，从1981年3月至1991年5月，原崂山文化部门先后24次组织了418人次深入偏远的山村、渔村实地采风，十多年里，他们一共走访了2000多名能讲会说的老农民、老渔民和林场工人，搜集到了4000多个民间故事，最终完成了《崂山民间故事全集》的编纂工作。2000年崂山区荣获了"中国民间艺术之乡（民间文学）"的美誉，2006年崂山民间故事被列入山东省第一批非物质文化遗产名录。

都镇湾故事

【非物质文化遗产百科名片】	遗产项目	都镇湾故事
	所属地区	湖北省长阳土家族自治县
	入围时间	2008 年
	传承意义	都镇湾，因故事而名闻天下，是我国有名的"故事之乡"。传承都镇湾故事有利于突出土家族发祥地的民族文化特色，系统宣讲廪君文化、巴土历史文化。

　　都镇湾，一个因故事而名闻天下的村庄。都镇湾故事的内容包含了神话传说、生活故事、鬼狐精怪等多种多样的类别，其中还包括征战兵谋、善恶恩仇等多种类别。

　　在都镇湾这个村寨里面，就有 4 位老人可以说 400 多个不同的故事，23 个人可以说 200 多个不同的故事，整个村寨里面善于说故事的能手就多达 700 多人。

　　都镇湾地理位置处于清江中下游，面积达到 518.29 平方公里，人口数量达到 56605 人。都镇湾人都是依山而居，这里的秀丽山水就是整个都镇湾村民的精神魂魄。风景秀丽的清江滋润着勤劳善良的都镇湾人，培育了灿烂文明的都镇湾文化，巴人祖先廪君的诞生地——武落钟离山——

就坐落在清江岸边,成为了土家先祖的发祥地。

都镇湾人十分重视文化学习、重视知识汲取,虽然这里地处深山之中,却时常可以听到朗朗的读书声。清代诗人彭秋潭曾经这样描述道:"莫道都镇地方村,总是嚣嚣市井尘。若把人文较儒雅,近来似有读书人。"几千年来,生活在都镇湾的土家人,世世代代都勤劳的扎根在这片土地上。浓郁风情的山歌和民间故事的讲述的相互融合,构成了一幅引人入胜的美丽画面。

都镇湾的民间故事讲述者非常多,民间故事的储存量也是十分的丰富,直到目前,收集整理到的都镇湾故事就有 3500 多篇。这些故事包含了民间故事的各种类型,囊括了都镇湾人民生活的各个方面,涉及的内容也是非常的广泛,例如上天、大地、山川、河流、花草、树木、鸟兽等的起源,人类的来历、牲畜的驯养和农作物的培植,动植物、名胜古迹、婚丧习俗等一系列的详细解说,以及神奇魔法、鬼狐精怪、机智人物、革命斗争等全都包括在内。都镇湾人民经常会把讲故事以及与讲故事有关的活动称之为讲古、讲经、日白和日牯子四个类别。

第一个类别,讲古。讲古的意思就是讲述古老的故事,主要内容包括了神话故事和历史性故事。都镇湾人认为,这一类的故事真实可靠。人们在讲述这一类故事的时候通常都会比较尊重故事承传的真实性,讲述的时候即兴发挥的地方不多,故事改变也相对比较少。

第二个类别,讲经。讲经指讲具有完整故事结构和象征意义的故事,通常这些故事都是有头有尾、有人物、有情节,精怪故事、鬼怪故事、巫术故事和生活故事等均属于典型的讲经。

第三个类别,日白。日白又叫做粉白,意思就是说谎话、说大话、假话、讲狠话,喜欢讲没有任何根据的话也称为日白。日白的内容有头有尾,能够构成独立的故事,具有民间审美叙事的完整性。

第四个类别，日牯子。日牯子的意思就是指男女之间的故事。这类故事在都镇湾非常多，每一个故事都短小又搞笑，大家都喜欢听。然而，讲日牯子有特殊的规定：长辈在晚辈面前不可以说，在未婚的姑娘面前不可以说，年龄相差太远的人之间不可以说。只有年龄差不多、同辈的已婚男女在场的时候，大家才特别喜欢讲这一类的故事。

　　总的来说，都镇湾民间故事还具有多、广、奇、趣四个明显的特点。都镇湾故事的"多"包括讲述故事的人多，目前就发现都镇湾这个地方能讲故事的人有将近700多人。这对于一个文化村落来说，令人十分的意外，特别是在多元化文化类别的今天就更显得珍贵；都镇湾故事类型也是非常的多，这些类型都包含有浓郁的地域色彩，同时在许多国家和地区、民族中都广泛流传着这一类型的故事。

　　都镇湾民间故事的"广"主要包括两方面的内容：第一个方面就是指故事讲述人涉及面比较广，上到90岁的老人，下至几岁的儿童都能讲故事；第二个方面就是指都镇湾的民间故事渗透到老百姓生产生活的各个方面,只要是都镇湾人的日常生活都有故事可以表达。

都镇湾民间故事的"奇"主要是指神奇一类的故事比较多,许多和人民群众信仰有关的神灵故事,像桌子神、筷子神、磨子神都包含在内,从4000年前的土家族先祖廪君民间叙事传统开始,民间故事讲述到今天都没有中断过。

都镇湾民间故事的"趣",主要指的是许多老百姓围坐在一起讲故事,他们彼此之间十分熟悉了解,心灵相通,趣味相投。他们讲述故事的时候语言风趣,经常会把一些紧张的情节、严肃的话题、深刻的道理转化成在轻松幽默的讲述当中,让人在快乐的氛围中明白一些蕴涵的道理。

都镇湾人生活的丰富多彩,在一定程度上造就了都镇湾民间故事的多样性。当然,我们也不得不面对的就是,随着时代的变迁,经济的快速发展,多元化文化类型的强烈冲击,都镇湾的民间故事正面临着传承断层的危险局面。

当我们看着一个又一个优秀的民间故事传承人相继去世,一批又一批的民间故事逐渐消失在历史的长河里的时候,我们才能真真实实地感受到我国民间优秀的故事传统正在逐步走向消亡。

第四章
史诗与民间长诗

阿诗玛

【非物质文化遗产百科名片】	遗产项目	阿诗玛
	所属地区	云南省石林彝族自治县
	入围时间	2006 年
	传承意义	阿诗玛的传说真实地反映了当时撒尼人的社会生活状况，这为研究、考证彝族撒尼人的政治、经济、艺术、宗教、风俗等提供了珍贵的资料。

《阿诗玛》是广泛流传玉云南省彝族支系撒尼人之中的叙事长诗，被撒尼人称为"我们民族的歌"。它主要采用口传诗体语言，讲述或者演唱彝族撒尼姑娘阿诗玛和强权势力作斗争的故事，阐述了黑暗终将被光明掩盖，丑恶终将敌不过真善美的人类理想。

《阿诗玛》的主要内容是说：美丽善良的阿诗玛和勇敢聪明的撒尼小伙子阿黑从小一起长大，彼此之间产生了浓浓的爱意。首领热布巴拉的儿子阿支看阿诗玛十分美丽，就想要强娶阿诗玛为妻，于是阿支就趁着阿黑去远方牧羊的机会，派人将阿诗玛给抢走了。阿黑得知这一消息以后，急忙从远方赶回来想要营救阿诗玛。原本两个人已经从阿支那里逃了出来，可是没想到热布巴拉父子埋伏在二人回家的必经之路附近，打算赶在阿黑和阿诗玛过河之前，趁着山洪爆发把小河上游的岩石给扒开，然后放水淹死两人。结果，正当阿诗玛和阿黑过河的时候，洪水冲了过来，阿诗玛不幸被卷入洪水当中无影无踪。据说，后来阿诗玛化做了一座高高的山峰，伫立在石林之中深情地凝望着自己深爱着的爱人和家人、朋友。

《阿诗玛》最初是采用撒尼彝语创作而成，是撒尼人民集体智慧的结晶，因此具有广泛的群众性。《阿诗玛》主要是以五言句传唱的方式，其中使用了夸张和讽刺的手法和比喻等技巧，将内容和形式完美地融合。《阿诗玛》作为一部叙事诗既可以讲述也可以传唱，唱调具有"喜调"、"老人调"、"悲调"、"哭调"、"骂调"等方面；而传唱却没有固定的场合，可以在婚嫁、祭祀、劳动和生活等多种不同的场合中进行传唱。

《阿诗玛》自 20 世纪 50 年代初在有关刊物上发表了汉文整理本以后，就被翻译成英、法、德、西班牙、俄、日、韩等多种语言在海外广泛流传，在日本甚至还被改编成广播剧、歌舞剧和儿童剧等艺术形式。在我国，《阿诗玛》被改编成影视剧、歌舞剧、京剧、撒尼剧等多种艺术在全国各地上演。其中，我国第一部彩色宽银幕立体声音乐歌舞片《阿诗玛》就于 1982 年的时候荣获了西班牙桑坦德第一届国际音乐最佳舞蹈片奖。从此之后，《阿诗玛》在海内外就享有盛誉。现如今，阿诗玛的传说已经

成为了撒尼人日常生活、婚丧礼节和其他风俗习惯中的重要组成部分，阿诗玛这个名字也已经成为了为彝族女子的代称。

虽然，有关阿诗玛传说的版本内容繁多，可是不管是哪一种版本都表现了阿诗玛和阿黑之间曲折动人的爱情故事，塑造了美丽善良、勤劳勇敢的撒尼姑娘阿诗玛的艺术形象，表现出了彝族人民追求幸福生活的坚强意志，歌颂了彝族人民的勤劳智慧和反抗邪恶势力的斗争精神。除此之外，阿诗玛的传说还真实地反映了当时撒尼人的社会生活状况，这对研究彝族撒尼人的政治、经济、艺术、宗教、风俗等方面提供了珍贵的资料。

我国也十分重视非物质文化遗产的保护工作。2006 年 5 月 20 日，阿诗玛传说经国务院批准被列入了第一批国家级非物质文化遗产名录。2007 年 6 月 5 日，经国家文化部确定，云南省石林彝族自治县的毕华玉和王玉芳为该文化遗产项目代表性传承人，并被列入第一批国家级非物质文化遗产项目 226 名代表性传承人名单。

玛纳斯

【非物质文化遗产百科名片】	遗产项目	玛纳斯
	所属地区	新疆维吾尔自治区克孜勒苏柯尔克孜自治州、新疆维吾尔自治区文联民间文艺家协会
	入围时间	2006 年
	传承意义	凡是有着柯尔克孜族聚居的地方，就会流传着《玛纳斯》。《玛纳斯》不仅是柯尔克孜族的英雄史诗，同时也是我国三大史诗之一，它体现了柯尔克孜人顽强不屈的民族性格和团结和睦、愤发进取的民族精神。不仅如此，《玛纳斯》还是柯尔克孜族人民的综合性知识宝库，是中华民族多元文化的杰出的代表作和璀璨的瑰宝。

　　《玛纳斯》是柯尔克孜族的英雄史诗，同时也是我国著名的三大史诗之一。《玛纳斯》的主要内容是以玛纳斯等八位英雄的故事为主要线索，详细叙述了古代柯尔克孜族的政治、历史、经济、哲学、文化以及社会生活的各个方面，是研究考证古代柯尔克孜族的百科全书。

　　我国现存的柯尔克孜族英雄史诗的材料共有 8 部，20 多万行。从广义上来说，《玛纳斯》指的是整部史诗内容，可是如果从狭义上来分析的话，指的仅仅就是第一部。《玛纳斯》和藏族史诗《格萨尔王传》、蒙古族史诗《江格尔》有明显差异的地方就是,《玛纳斯》的主角不是一个人,而是一家子孙八代人。只是《玛纳斯》是以第一部中的主人公的名字命名而已。

其中,《玛纳斯》第一部的内容就长达73000多行,故事情节也最为跌宕起伏,流传也最为广泛。它从柯尔克孜族的族名传说和玛纳斯家族的先祖唱起,一直唱到玛纳斯领导人民反抗卡勒玛克和契丹人黑暗统治的战斗的一生,是一部具有深刻人民性和思想性的代表性英雄史诗巨作。整部内容从始至终都宣扬着这样一个思想主题:团结一切被奴役压迫的人民群众,反抗残暴统治者的掠夺和奴役,为争取自由幸福而进行坚持不懈的斗争,同时还颂扬了古代柯尔克孜族人民对侵略者的反抗精神和强烈的斗争意识。

不仅如此,《玛纳斯》的各部在人物性格塑造和故事情节的安排上也非常具有代表性。在语言艺术方面,具备了浓厚的民族特色。内容中所包含的丰富联想和生动比喻,都和柯尔克孜族人民独特的生活方式以及自然环境紧密相连。《玛纳斯》中经常会采用高山、湖泊、急流、狂风、雄鹰、猛

虎来象征或者描绘英雄人物，并且还对英雄们所使用的战马进行了详细的描写。

有专家明确指出，《玛纳斯》不仅是一部极为宝贵的文学遗产，同时也是后人研究考证柯尔克孜族语言、历史、宗教和民俗等各个方面的百科全书。《玛纳斯》中所出现的众多古老词汇、族名传说、古代中亚新疆各个民族的分布和相互关系，许多关于古代柯尔克孜族的游牧生活、家庭成员之间的关系、生产时所使用的工具以及人民的服饰和饮食起居等方面的叙述，都是极为宝贵的资料。

现如今，《玛纳斯》主要流传于我国新疆维吾尔自治区南部的克孜勒苏柯尔克孜自治州和新疆维吾尔自治区北部的伊犁哈萨克自治州。除此之外，中亚的吉尔吉斯斯坦、哈萨克斯坦也是《玛纳斯》重要的流传区域，阿富汗的北部地区也有流传这一史诗巨作。根据有关文献记载，《玛纳斯》早在 16 世纪的时候就开始在民间广泛流传，千百年来，一直都是以口耳的方式进行传承。其中，民间歌手在《玛纳斯》的保护和传承中起着十分重要的作用。

然而随着现代社会的快速发展，《玛纳斯》的传承也面临着种种危机，一些重要史诗歌手的相继去世，在世的著名歌手也已年老，《玛纳斯》的传承形势十分严峻。因此，当下对《玛纳斯》的抢救、保护和传承工作十分紧急。

值得庆幸的是，2006 年，新疆柯尔克孜族千百年来所形成的英雄史诗《玛纳斯》在被联合国教科文组织列入了人类非物质文化遗产名录之后，世界各国研究《玛纳斯》的学者为之欢欣鼓舞。伴随着对《玛纳斯》研究的深入和拓展，越来越丰富的研究成果表明，《玛纳斯》不仅仅只是柯尔克孜族人民的综合性知识宝库，同时还是中华民族多元文化的伟大代表作和璀璨的瑰宝。

拉仁布与吉门索

【非物质文化遗产百科名片】

遗产项目	拉仁布与吉门索
所属地区	青海省互助土族自治县
入围时间	2006 年
传承意义	拉仁布与吉门索是土族流传最为广泛、影响最为深远的民间叙事诗,全诗长达 300 多行,叙述了拉仁布与吉门索的爱情故事,深刻表达了土族人民群众对美好爱情的向往和追求。

《拉仁布与吉门索》是土族民间的叙事长诗。它是土族流传最为广泛,影响最为深远的优秀民间叙事诗,可以说是土族人民的《梁山伯与祝英台》。这部叙事诗长达 300 多行,详细描写了一个爱情悲剧故事。《拉仁布与吉门索》用土族口语创作并演唱,以口耳相传的方式在广大人民群众中广为流传,直到今天仍然是活态的口头文学形式。这部叙事诗用深沉悲壮的曲调,优美感人的诗句,说出了拉仁布与吉门索纯真的爱情和对自由、幸福生活的追求,并表达了对万恶的封建社会的强烈控诉之情。

《拉仁布与吉门索》这部民间文学作品用生动的形象、深沉悲壮的语言和说唱的形式描述了穷人拉仁布和牧主的妹妹吉门索的爱情悲剧。相传美丽善良的土族姑娘吉门索,爱上了给她哥哥放羊的长工拉仁布。他们两个在一同放牧的日常生活中对彼此产生了浓浓的爱意，于是私定终身，在山上拜天地结为了夫妻。可是吉门索的哥哥和嫂子是一对财迷心窍的凶恶之人，所以当他们得知这一事情之后，百般阻挠，对吉门索进行了毒打和谩骂，并把她锁在了家中，不准她再和拉仁布见面，为了断绝吉门索的想念，拉仁布的哥哥穿上了吉门索的衣服，藏了一把尖刀悄悄地跑到了吉门索的帐房里面，等晚上拉仁布放牧回来的时候，刚走进帐房就被吉门索的哥哥用尖刀给刺死了。

当庄子里面的人按照土族的风俗习惯准备火化拉仁布的时候，却发现烧了三天三夜也没有将拉仁布的尸体烧着。吉门索听到这个消息以后，忍着悲痛冲破了哥哥嫂子的阻拦来到了火葬场，

吉门索把自己的耳环、手镯等物一一扔到了火中，可是拉仁布的尸体仍然烧不着。看着这样的情景，吉门索忽然之间醒悟了，于是她十分悲愤地唱道："你不着来我知道，盼我和你一快烧；五尺身子舍给你，一块烧到天荒和地老。"吉门索一唱完就立马跳进了火中，火立刻就烧了起来，尸体很快就化成了灰烬。

然而，吉门索的哥哥却把他们两个的骨灰分别埋在沙河的两岸，可是三年以后在沙河的两岸分别长出了一颗合欢树。狠心的吉门索的哥哥又把两棵树给劈成了柴烧，可是令人惊奇的是，火点燃以后居然化成了一道

彩虹,并且从烟囱里面飞出了一对美丽的鸳鸯,鸳鸯扑向了歹毒的哥哥,啄瞎了他的双眼,然后一起飞走了,一直飞到了当年吉门索和拉仁布放牧的山林里面。

《拉仁布与吉门索》这部叙事长诗深刻地表达了土族人民对黑暗的封建社会的控诉,以及对自由、美满幸福生活的向往。早在1983年的时候,互助土族自治县文工团就将这部爱情悲剧给改编成为歌剧,并进行了演出,受到了土族人民和其他各族人民的喜爱。

整部《拉仁布与吉门索》共分为8个章节,并以讲场的方式为主,是土族劳动人民集体智慧的结晶,因此具有广泛的群众性,是土族人民群众最为喜爱演唱的一首叙事情歌,并且在不同的地区流传有不同的风格。在整个演唱方式上,拉仁布与吉门索是以男女对唱的形式为主,可是又同其他一般的问答式对唱有所区别。除此之外,拉仁布与吉门索演唱出来的曲调非常独特,结构也格外清晰,层次分明。

《拉仁布与吉门索》完全是采用土语来演唱,由于这部叙事诗是来源于土族地区,并且生长和发展于土族地区,根植于土族的传统文化当中,是当地的土族人民和汉族人民群众最为喜爱的一种表演。故事中的拉仁布、吉门索、吉门索的哥哥、吉门索的嫂子等主要人物性格鲜明,具有极为广泛的群众性和独特的民族特色,为我国的民族学、语言学和土族社会学的研究考证提供了生动丰富的素材。另外,《拉仁布与吉门索》中所描述的故事也反映出了土族从游牧的生产方式逐步转向农业生产方式的一个侧面,因此具有十分重要的历史研究价值。

然而,随着时间的推移,社会经济的快速发展,《拉仁布与吉门索》这一优秀的民间叙事长诗的传承人大部分都已相继去世,50岁以下的中青年人基本都不会传唱,因此,这一叙事长诗的传承就成了极为严峻的问题,急需采取有关措施进行抢救和保护。

河间歌诗

【非物质文化遗产百科名片】	遗产项目	河间歌诗
	所属地区	河北省河间市
	入围时间	2006 年
	传承意义	河间歌诗是我国古老的一种集民间文学、音乐为一体的综合艺术形式，是《诗经》用口头的形式在民间千百年来不断进行传承的独特载体，同时也是当代《诗经》文化的重要组成部分，具有非常重要的文史价值。

"关关雎鸠，在河之洲。窈窕淑女，君子好逑。"这是我国历史上第一部诗歌总集《诗经》中的经典之句。而河间歌诗就是《诗经》最古老的一种吟诵形式，是诗经文化传承中的一个支脉，具有非常重要的文史价值。时至今日，人们还在用诗歌这种艺术形式来进行吟唱活动，人们通常会以笙、二胡、古筝等乐器来伴奏，进行自娱自乐。

河间歌诗起源于汉代，主要是依靠口耳相传的方式来进行传播，其创始人可以追溯到公元前 212 年的战国末期的大儒荀子的弟子毛亨。当时，秦始皇下令焚书坑儒，毛亨不得不带着全家逃亡，来到了河间国的武垣县，也就是今天的河间市郭村乡三十里铺一带，隐姓埋名定居下来。秦朝灭亡以后,汉朝兴起,汉惠帝撤销了之前的"挟书律"以后,毛亨已经很老了。即便如此,毛亨也没有因为年老的关系而放弃整理《诗经》这一工作。

毛亨在整理《诗经》的基础上,开始创作出了《毛诗诂训传》,并传授给了自己的侄子毛苌。河间国的献王刘德是一位喜爱古文学的文人,因此封毛苌为博士,并且还修建了"君子馆"(今河间市君子馆村)让他讲经授学。由于毛苌讲经的时候最能说出关键所在,所以后来由他的弟子贯长卿,以及东汉学者马融、郑玄等人继续进行讲经授学,并且在社会上广为推行,也就是所谓的"毛诗"。其余鲁国、齐国、韩国三家的"诗经"传者逐渐消失,只有"毛诗"还有留存,从而成为了古《诗经》的唯一传本。

河间歌诗的名称是由于《诗经》中的每一首诗都是流行于当时的歌曲,尤其是"风"部分全都是民歌,大部分的内容都可以进行完整地吟唱。根据《嘉靖河间府志》中的记载:"汉古歌"、"唐古歌"、"宋古歌"、"元古歌"等传系目录可以粗略反映出"河间歌诗"的渊源情况,这就可以说明"河间歌诗"是《诗经》文化歌咏形式的一种载体。"关关雎鸠,在河之洲。窈窕淑女,君子好逑……",今天,当你走进河间一些文化古村镇时,就可以经常听到一些老人吟唱《诗经》的声音。吟唱《诗经》已经成为河间城乡展示诗风底蕴的一道特殊风景线。

然而,河间歌诗的传承和发扬光大主要还是在改革开放以后,特别是近几年弘扬国学的气愤逐渐浓郁,"国学热"也就在河间开始广泛兴起了。今天,在河间的许多农村里,不仅仅村民传唱《诗经》中的《关雎》、《蓼莪》等歌诗,在诗经村乡、行别营乡、米各庄镇、束城镇、河间市内还办有民间诗社15家,成员达到了2000多人,并且还已连续刊印出25期的《毛公诗苑》,并出版了《河间当代诗词选》。

河间歌诗故乡的人们正在广泛传承着诗经文化。河间市原文化局局长田国福20多年来搜集、整理、收藏明清至今的古籍诗经版本已经达到了4300多册,还编辑出版了《诗经斋典藏集粹》、《河间遗韵》等书籍,并且建立了诗经斋,为我国的诗经文化的弘扬发展作出了巨大的贡献。

河间不仅仅是《毛诗》的发源地,同时还是《诗经》文化的传授研究之处。历朝历代的《诗经》学者为《诗经》文化的不断发展作出了不可磨灭的贡献。可是,如今河间歌诗的传承人已经年迈,无法继续传承河间歌诗,所以急需有关部门采取有效措施对河间歌诗进行抢救和保护。

梅葛

【非物质文化遗产百科名片】

遗产项目	梅葛
所属地区	云南省楚雄彝族自治州
入围时间	2008 年
传承意义	梅葛是云南彝族的一个主要曲种,是我国一部非常古老的长篇说唱史诗。梅葛不仅被认为是彝族人民的"根谱",同时还享有彝族历史生活的百科全书的美誉。除此之外,梅葛还是人们口头流传的有关人类历史和对大自然作斗争的史诗。

"远古的时候,抬头不见天,提脚不踩地,格滋天神要造天,格滋天神要造地……"这样的一首歌很容易让人们沉浸到远古神秘时代的生活情景当中,如此神秘优美的歌词就是来源了梅葛。

"梅葛"一词是彝语的译音,是姚安县马游彝族民间歌曲的总称,因全部都是采用"梅葛调"进行演唱,所以取名为"梅葛"。千百年来,在经过马游坪彝民世世代代的口耳相传以后,广泛地流传到了姚安的大黑山彝族区以及附近的金沙江流域的彝家山寨。梅葛的传唱并没有任何的文字记载,全都是依靠一问一答的口耳进行相传至今。不拜师学艺,老人也都不会强迫孩子们去学唱梅葛。一般说来,只要是逢年过节、婚丧嫁娶等,都是要请歌手来演唱梅葛,有的时候甚至要唱上三天三夜。

马游坪彝族的梅葛主要分为以下四种类型:老年梅葛、中年梅葛、青年梅葛、娃娃梅葛。老年梅葛所演唱的主要内容是开天辟地、创世立业和人们的日常劳动生活,曲调和内容也是比较的固定;中年梅葛所演唱的主要内容是中年男子在成家之后生产生活中所经历的种种艰辛,内容也是比较的凄婉忧伤;青年梅葛所演唱的主要内容是彝族青年男女纯真的情爱生活,内容也是比较的随意;娃娃梅葛一般是由一群彝族青少年和儿童进行对唱,演唱的时候一个个都喜笑颜开,妙趣横生,令人回味无穷。

除此之外,梅葛演唱的时候还分为单人、双人和集体 3 种形式,前面两种一般都是坐唱或者站唱,许多人演出的时候就会是走唱,并且和舞蹈相结合,从而更加的生动活泼,富有民族特色。伴奏的时候主要会采用葫芦笙、口弦、笛子、月琴等等。同时还会采用彝汉两种语言进行演唱,唱词主要是以七字句、五字句最为常见,其中又以五字句居多,讲求彝语声韵,诙谐风趣,深受彝族人民群众的喜爱。

过去的时候,那些演唱梅葛的歌手主要是毕摩,他们不仅是彝族的祭师,同时还是彝族民间口头文学的保存、加工和传播者,是彝族的知识分子。然而,近年来涌现出许多青年歌手,他们所创作的曲目远远地超出了传统的史诗范畴,大部分都用于反映

彝族人民的新生活,例如《民兵队长阿利若》、《昙华山上不老松》、《彝家山寨新事多》、《红军长征过楚雄》、《美上加美》等等,都先后参加了云南省民族民间音乐舞蹈汇演、全国少数民族业余文艺汇演等活动并分别获得各种奖励。

因此,梅葛被认为是彝族人民的"根谱",并被誉为是彝族历史生活的百科全书。新中国成立以后,梅葛也得到了各级文化主管部门的普遍重视,并逐渐被更多人所认识。早在 1958 年 10 月,我国著名作家茅盾在出席亚洲作家会议的时候,就在他的报告中说:"中国彝族 1 万 1 千行的长诗《梅葛》也是口头流传的关于人类历史及对大自然斗争的史诗。"

2006 年 7 月 28 日,马游坪彝族梅葛传统文化保护区被公布为云南省第一批非物质文化遗产保护名录,不仅如此,梅葛文化还被作为文化商标得到了成功注册。2008 年 6 月 7 日,彝族梅葛被国务院公布为第二批国家级非物质文化遗产保护名录。

查姆

【非物质文化遗产百科名片】	遗产项目	查姆
	所属地区	云南省双柏县
	入围时间	2008 年
	传承意义	《查姆》里有关神的传说是在彝族的几部创世史诗中最为生动优美，它创造出了许多形象生动的神和英雄形象，例如涅侬撒萨歇、儒黄炸当地、罗阿玛、罗塔纪等等，因此，《查姆》又被认为是一部内容十分丰富生动的神话叙事诗。

在彝语中，"查姆"的意思就是"大"和"起源"，直译出来就是"万物起源是大事"，也就是"万物的起源"。《查姆》主要是用于吟唱天地、日月、人类、风雨、种子、树木等万事万物的起源。《查姆》里有关神的传说是在彝族的几部创世史诗中最为生动优美，它创造出了许多形象生动的神和英雄形象，例如涅侬撒萨歇、儒黄炸当地、罗阿玛、罗塔纪等等，因此，《查姆》又被认为是一部内容十分丰富生动的神话叙事诗。

彝族史诗《查姆》广泛流传于双柏县哀牢山彝族地区及大麦地乡底土村一带，在没有产生彝文之前都是采用口耳相传的方式，直到出现了老彝文才用书面的形式来进行传承，只有少数懂老彝文的人和毕摩（彝族祭司，亦是民间知识分子）才明白。

《查姆》原来有120多"查"，主要分为上下两部。上部的名字叫《吾查》，主要的内容是说上古时期开天辟地、洪水泛滥、人类起源和万事万物起源等等；下部的名字叫《买查》，主要的内容包括天文地理、占卜算卦、文学以及诗歌等等。《查姆》是采用老彝文进行记载的，基本上都是五言句式，并且十分押韵。翻译成汉文以后也要保持原来的五言体格式却是十分的困难。为了能够比较准确地表达里面的内容，由楚雄彝族自治州文联主编、云南人民出版社出版发行的《查姆卷》在兼顾内容和形式的前提下，翻译成了3500多行长短不一的诗句，内容整体通俗易懂，读起来也是朗朗上口。

最初的时候，《查姆》只是用于丧葬和祭祀等场合，并且是由毕摩们进行吟唱。如今当地的彝族人民群众每逢过年过节、婚丧嫁娶、播种收割和建造房屋的时候都会邀请毕摩吟唱《查姆》，声音十分的庄严深沉，有的毕摩甚至可以连续唱上好几天。不仅如此，《查姆》还经常采用曲调优美的"阿噻调"来配唱，有的时候还会采用大四弦来进行伴奏，一边唱一边叙述，载歌载舞，形式十分的丰富多彩。

经过多年不懈的努力，时至今日，《查姆》已经整理出了10多"查"，其中里面详细地记载了天地的起源、独眼睛时代、直眼睛时代、横眼睛时代、民族的起源、生死的起源、纸火的起源、病种的起源、种子的起源、纸书的起源和洪水泛滥的事情、安魂的事情、家训的事情、死人安埋的事情等等。人们通过这一方式，使已濒临灭亡的《查姆》得以部分的传承下来。

仰阿莎

【非物质文化遗产百科名片】	遗产项目	仰阿莎
	所属地区	贵州省黔东南苗族侗族自治州
	入围时间	2008 年
	传承意义	仰阿莎是我国苗族人民的美神，歌舞剧《仰阿莎》就是根据广泛流传在黔东南苗族地区的同名苗族古代叙事长诗改编创作而成，因此这首长诗被苗族赞誉为"最美丽的歌"，是我国少数民族民间文学的一朵奇葩，在我国民族民间文学史上占有一席之地，影响极为深远，意义重大。

　　仰阿莎是我国苗族人民的美神，歌舞剧《仰阿莎》就是根据广泛流传在黔东南苗族地区的同名苗族古代叙事长诗改编创作而成，因此这首长诗被苗族赞誉为"最美丽的歌"，是我国少数民族民间文学的一朵奇葩，在我国民族民间文学史上占有一席之地，影响极为深远，意义重大。

而有关"仰阿莎"的神话故事，也在我国苗族人民群众中广为流传至今。相传在非常古老的时候，在一个山谷的中间，有一个深潭，山的两边都长有郁郁葱葱的树木和奇异美丽的花草。井里面的泉水清澈见底，甚至都可以照得见天空上的云霞和飞鸟，照得见井旁边的花草树木。有一天，从东方飞来了一群鹭鸶，从西方飞来了一群水鸭，它们一看见这个美丽的水井，就想要到水井里面去找鱼虾吃，气得看守水井的地神跳起来说道："呸！你们都走开，你们飞到这里来要干什么？这里又不是鱼塘，这里是仰阿莎出生的地方。明天她就要在这里出世了，你们可不要啄到她！谁要是敢动仰阿莎一下，我就要让它尸骨无存！"鹭鸶和水鸭听完这些话，只好夹起了尾巴灰溜溜飞走了。

第二天，天空忽然天昏地暗，电闪雷鸣，下起了漂泊大雨。井里面都冒着水泡，发出了"波、波、波"的响声。过了没多久，雨就停了，天空也放晴了，露出了五彩斑斓的云霞，就像是苗家姑娘们所绣出来的花朵一样，飘浮在晴朗的天空上面。就在这个时候，仰阿莎从水井中冒了出来，成群结

队的蝴蝶围绕着仰阿莎翩翩飞舞，数不清的鸟儿也绕着仰阿莎唱起了欢快的歌……大家都在欢乐地庆贺着美丽的仰阿莎出生。

美丽的仰阿莎刚出生的第一天就会笑，第二天的时候就会开口说话，第三天的时候就会唱歌，第四天的时候就会织布、绣花。仰阿莎唱出来的歌是那样的婉转动听，飞遍了山山岭岭，响彻了村村寨寨。在阴天的时候，仰阿莎的歌声能驱走云雾，把太阳呼唤出来；在冬天的时候，仰阿莎的歌声可以驱走寒冷，唱得漫山遍野都开满鲜花。蜜蜂听见了她的歌声，都忘记了采蜜；百鸟听见了她的歌声，都会忘记了欢唱；青年小伙子们听见了她的歌声，就会忘记了手中正在干的活；美丽的姑娘们听见了她的歌声，就会一字一句地跟在后面学唱起来。

日子就这样一天天地、一年年地过去了。满山的映山红开了又谢，谢了又开，整整开过了十八次，谢过了十八次，转眼间仰阿莎就已经十八岁。十八岁的仰阿莎，长得是越发美丽。美丽的仰阿莎，拥有着一对水汪汪的大眼睛，有一个就像是白茶花一样白嫩的脸庞，有两条细细长长的眉毛，有一头乌黑亮丽的秀发。仰阿莎穿着自己绣出来的花衣服，蜜蜂看见都会飞到她身上采蜜；她穿上自己做的百褶裙，那绉折比菌子上的绉纹还美丽。九十九个江略里的姑娘，没有一个能比得上仰阿莎的美丽；九十九个江略里的青年小伙子，没有一个不喜欢仰阿莎的。

后来天上的太阳看上了美丽的仰阿莎，于是就指使乌云来给自己做媒，乌云就施展了各种手段，想要迫使仰阿莎嫁给太阳。仰阿莎嫁给了太阳以后，太阳并没有把美丽的妻子仰阿莎放在心上，为了名利，太阳整天都在外面奔跑，连续六年都不曾回家，仰阿莎就这样非常痛苦寂寞地生活了六年。在太阳家里，唯一能和她快乐相处的人就是月亮了。月亮虽然说是太阳的弟弟，但实际上在家里却是太阳的长工。月亮是一位勤劳勇敢的人，他非常同情仰阿莎的遭遇，仰阿莎也在月亮那里得到了她之前不曾得到过的温暖，而且她也从月亮的身上看到了她所幻想的东西。后来，仰阿莎还是爱上了诚实善良的月亮，于是就和月亮一起逃到了很远的地方结为了夫妻。太阳知道了以后非常的气愤，可是在经过月老的评理之后，仰阿莎和月亮终于获得了最终的胜利，而月亮也把自己的江山赠给了太阳。

仰阿莎被苗族人民尊奉为美神，在如今的贵州省清水江剑河一带至今仍然广泛流传着仰阿莎的美丽传说。仰阿莎象征着苗族人民对爱情的向往追求和对生命的赞叹。直到今天，在剑河县境内还能够找到传说中仰阿莎出生的水井、沐浴的温泉以及畅游的湖泊。

为了纪念苗族人民这位美丽而又浪漫的女神，并进一步地挖掘、保护和传承少数民族原生态文化，剑河县从2007年以来，每年都会举办一届"贵州·剑河仰阿莎文化节"。

康巴拉伊

【非物质文化遗产百科名片】	遗产项目	康巴拉伊
	所属地区	青海省治多县
	入围时间	2008 年
	传承意义	康巴拉伊是藏族民歌中极为重要的组成部分，是藏族青年男女互相倾吐爱慕之情的情歌。康巴拉伊有着悠久的历史，和藏族人民群众的成长一直历程同步，不仅承载着藏民族的创造力和灵感，同时在人类学、民族学和民俗学等研究中也具有十分重要的价值。

康巴拉伊是治多县境内藏族男女交流过程中产生的诗化的一种交际语言，起源于六世纪末期吐蕃王朝南日松赞时期。康巴拉伊一共分为祭歌、颂歌、引歌、启歌、竞歌、谜语歌、汇歌、恋歌、别离歌、贬歌、咒歌和吉祥祝福歌等十二卷，每卷都是由一万首的诗歌组合而成。

康巴拉伊主要是广泛流传在青海、甘肃、四川等广大安多方言藏区的一种专门表现爱情内容的山歌艺术，它的分布主要是以青海湖环湖地域和黄河流域（以海南、黄南两州）为中心而向四方进行辐射。康巴拉伊来源于藏族的山歌，早在公元 7 世纪三大藏区划分的时候，就促成了拉伊在"下部多康"之安多藏区的广泛流传。

康巴拉伊是藏族民歌中的一朵奇葩，是藏族青年男女之间互相倾诉爱慕之情的一种情歌，所以不可以在家中或者村庄中进行咏唱，只可以在山野间进行高歌欢唱。拉伊的曲调委婉抒情，节奏也是十分的舒缓，在旋律上虽然没有什么太大的变化，但是经过演唱者的感情抒发，同样令人动容不已。拉伊没有固定的歌词，都是由演唱者触景生情，随兴编唱，巧妙地运用比喻等手法，形象而又生动地向对方表达唱歌者的思想感情，有很多的歌词都是采用了六世达赖仓央嘉措的情诗。

康巴拉伊的种类十分的丰富多彩，数量也是十分的繁多，内容也是广泛地涉及爱情生活的各个方面，完整的对歌也设有一定的程序，例如引歌、问候歌、相恋歌、相爱歌、相思歌、相违歌、相离歌和尾歌等。另外，拉伊的曲调也会因为地域的不同而形成不同的风格，有的地方会强调音乐的语言性，节奏比较紧凑；有的地方旋律会比较的深沉、悠扬，从而形成了自由、婉转的悠长型山歌的风格；有的地方的旋律则比较地甜美，节奏也相对规整，从而形成了一种雅致、端庄的抒咏风格等。

康巴拉伊拥有十分悠久的历史，和藏族人民群众的成长一直历程同步,不仅承载着藏民族的创造力和灵感,同时在人类学、民族学和民俗学等研究中也具有十分重要的价值。康巴拉伊不仅仅显示出了鲜明的区域特色和独到的艺术风格,并且还以其丰富多彩的表现形式,体现出了一种独特而又重要的文化价值。

然而,随着时间的推移,如今能够完整演唱拉伊全篇的艺人已经很少了,尽管治多县政府已经着力在抢救收集整理康巴拉伊 2400 多首,但由于康巴拉伊内容繁多,并且都是以口头传承为主,所以濒临消亡,急需有关部门的抢救和保护。

科尔沁潮尔史诗

【非物质文化遗产百科名片】	遗产项目	科尔沁潮尔史诗
	所属地区	内蒙古自治区
	入围时间	2008 年
	传承意义	科尔沁潮尔史诗是蒙古族英雄史诗的一种地方性传统,是时至今日内蒙古自治区科尔沁地区尚存的唯一一种活态传承的长篇史诗。

科尔沁潮尔史诗是蒙古族英雄史诗的一种地方性传统,是时至今日内蒙古自治区科尔沁地区尚存的唯一一种活态传承的长篇史诗。

科尔沁潮尔史诗起源于科尔沁草原，主要流传于内蒙古东部的通辽市、兴安盟境内，是蒙古史诗中的一种地方性传统。科尔沁潮尔史诗是用一种叫潮尔的古老弓弦乐器伴奏，并且是由专门的史诗艺人——潮尔奇，以自拉自唱的形式进行说唱表演。内容主要讲述的是：天神投胎下凡，生长成为可汗和英雄，并且和危害人间的恶魔蟒古思进行一番战斗，保卫家乡、捍卫和平的故事。

科尔沁潮尔史诗的音乐曲调自成一派体系，总共分为9套20多首，并且在演述的时候可以进行自由的变化。科尔沁潮尔史诗的曲目曾经有数十部之多，其中"十八部蟒古思因·乌力格尔"就是一种大型的串联系列史诗，是由18部相对独立却又紧密相连的史诗所构成，其规模和篇幅可以和著名的《格斯尔》和《江格尔》相提并论。

科尔沁潮尔史诗拥有十分悠久的历史，流传的区域也非常的广阔，受其影响的群众也是非常广泛。科尔沁潮尔史诗风格极为独特，技艺也是自成一派体系，具有非常强的艺术表现力。它将叙事、抒情和吟诵融合为一体，风格粗犷豪放，和蒙古草原民族独有的语言、历史、宗教、心理、世界观、生态观、人生观和风俗习惯等紧密地联系在一起，集中突出地体现出了草原文化的特色和特征。

因此，科尔沁潮尔史诗是蒙古族英雄史诗的一种地方性传统，是时至今日内蒙古自治区科尔沁地区尚存的唯一一种活态传承的长篇史诗。由于其内容主要是讲述宇宙的转换、世界沉浮的故事，阐述人类物种的起源，思想意识的形成和社会秩序的构建等内容，从而表达出了人类追求真理、主张正义、维护和平、和谐共存的美好生活愿望。另外，作为科尔沁潮尔史诗的伴奏乐器潮尔是现今蒙古族最为古老最具代表性的一种乐器，充分体现了蒙古族人民在乐器学、声学、工艺学和音乐学等方面的综合性特征。

然而，近年来，随着蒙古族社会文化的不断变迁，英雄史诗艺术已经逐步走向了衰弱，到了 20 世纪 90 年代，内蒙古境内绝大多数活态史诗的传统已经逐步的消失。和其他地方史诗的结局一样，科尔沁潮尔史诗也曾经一度被学界认为是已经走向了消亡。但是，在经过有关学者的不懈努力和深入研究调查，2005 年的时候终于发现了科尔沁潮尔史诗目前所知唯一的传承人布仁初古拉以及承载于他身上的 20 部科尔沁潮尔史诗。这项发现对于蒙古史诗的抢救、保护、传承工作来说，具有十分重要的发现价值和历史性意义。

土家族梯玛歌

遗产项目	土家族梯玛歌
所属地区	湖南省龙山县
入围时间	2008 年
传承意义	土家族梯玛歌是土家族的长篇史诗，是一种集诗、歌、乐、舞于一体的庞大的艺术载体。另外，土家族梯玛歌从头到尾都是以歌舞事神，从而带有浓厚的表演色彩，在娱人娱神的歌舞过程当中起到了抑恶扬善、劝人为善的作用。

【非物质文化遗产百科名片】

　　土家族梯玛歌是土家族的长篇史诗，主要分布在湘西酉水流域的龙山、保靖、永顺、古丈等区域。土家族梯玛歌是以"梯玛日"仪式为传承的载体，进行世世代代的口耳相传。其篇幅繁多，长达数万行。土家族梯玛歌是一种集诗、歌、乐、舞于一体的庞大艺术载体，主要表现开天辟地、人类繁衍、民族祭祀、民族迁徙、狩猎农耕及饮食起居等广泛的历史内容和社会生活内容。

　　土家族梯玛歌采用大量的篇幅，叙述了盘古开天辟地、后羿射日、远古洪荒、兄妹成亲、人种再续等一系列的神话传说，从而揭开了《创世记》的历史。然后又在"嘎麦起业"等法事中，向人们展示出了一幅古老的民族迁徙图。从中可以看出，其土著先民活动的区域基本上都是在酉水流域一带。这和古籍中所记载的先秦至秦汉时期活动在酉水流域的八蛮当是一脉相承的。

土家族梯玛歌在唱述的时候，都是采用土家语为主要的表述语言，在形式上也是韵文和散文的综合体，采取浪漫主义和现实主义相结合的创作手法，修辞手法有比喻，有排比，词汇十分丰富，想象独特，形象生动活泼，具有很强的文学性。梯玛歌在演唱的时候有唱有吟，有对唱也有合唱，不仅有深沉忧郁的古歌，轻松欢快的盘歌，还有抒情哀婉的祈祷辞和风趣诙谐的玩笑话。

梯玛歌是以歌舞的表演形式贯穿始终，梯玛歌的舞蹈，有的风格十分豪放，例如《墨日里日》；有的极为潇洒，例如《坐马》；有的跳起来十分缠绵，例如《解钱》；也有的十分粗狂，例如《大赏兵》；还有的诙谐风趣，例如《选男选女》等等。由于梯玛巫师在舞蹈中所使用的舞蹈道具是铜铃，所以又称这一舞蹈为"八宝铜铃舞"。其舞蹈形式有梯玛巫师单独表演的"独舞"，也有陪神、香倌随之唱和的双人舞或者是三人舞。从而形成了一种有表演有叙述、可以歌唱也可以舞蹈的长篇神话舞蹈史诗。梯玛歌以其独特、稀有的文化形式，凸显出宝贵的文化价值，从而有着"研究土家族方方面面的百科全书"的美誉。

梯玛歌的内容丰富多彩，覆盖面十分的广泛，大到盘古开天辟地，小到人们日常的饮食烹饪。土家族人民的烹饪非常具有特色，梯玛歌用其细腻的描写，将一盘色、香、味俱全的牛肉呈现到人们的面前。

梯玛歌有着十分悠久的历史，因为是采用土家语的传承方式，所以主要是分布在湘西北酉水流域的龙山县、洗车河流域和里耶管理区，以及与其毗邻的保靖普戎、龙溪、碗米坡一带，永顺、古丈部分的乡镇都是采用汉语来进行传承的。从里耶酉水河两岸发现的旧石器时代、新石器时代文化遗址来分析，早在人类初期的时候这里就已经有了古人类的活动。"梯玛"便是这些土著先民在认识自然和改造自然的过程中所产生的一部民族史诗。

在土家族人民的心目中，梯玛就是"天人合一"、"人神合一"的综合体。在梯玛的文化事象里面，他是可以和南斗六星、北斗七星称兄道弟的一家人；他可以把蜜蜂、蜻蜓、蝴蝶、喜鹊、老虎、狗熊这些动物请来当他的保镖；他还可以和土地神像老朋友一样互诉衷肠。从而让人们感到天地之间若比邻，万事万物之间相亲相爱。

不仅如此，梯玛歌还是原始宗教的"活化石"，是一部以拯救人类灵魂为主旨的招魂曲。崇拜祖先和自然就是原始宗教的最基本特征。梯玛这种文化现象从头到尾都是采用歌舞事神，从而带有浓厚的表演色彩，在娱人娱神的歌舞过程中起到了惩恶扬善、劝人为善的作用。

湘西龙山县的"梯玛歌"大部分都是采用土家语进行演唱，保留了许多濒临失传的土家语词汇。从这些古老的土家语中，我们可以研究考证出很多颇有价值的土家文化。

除此之外，梯玛歌一般都是一韵到底，很多地方运用了衬词押韵。它以史诗般的结构和繁多的篇幅，描述了历史，反映了人们的生活，塑造出了一批鲜活的人物现象。梯玛歌在唱述的过程中采取了浪漫主义和现实主义相互融４合的手法，想象独特，形象生动活泼。土家族梯玛歌在对惩恶扬善、传承土家文化和传承民族道德方面都起到了十分独特的作用。在梯玛歌舞中，还辅以了上刀梯、下油锅、踩火铧、口含烧红的铁耗齿等绝技绝活，这也让梯玛歌更加显得神秘莫测。

然而，由于梯玛歌采用土家语为传承的载体，随着土家语的大量流失，龙山县以土家语为传承载体的《梯玛歌》就更加显得弥足珍贵，从而也就引起学术界的强烈关注。因此，加强对《梯玛歌》的抢救保护已经到了迫在眉睫的地步。对此，龙山县做了大量研究整理工作，随后在内溪乡、靛房镇、苗儿滩镇、隆头镇、贾市乡等地建立起了传习基地，并将《梯玛歌》陆续整理成书，以便让这一珍贵的民间文化遗产得以传承下去。

第五章
说唱与歌谣

河西宝卷

【非物质文化遗产百科名片】

遗产项目	麒麟传说
所属地区	甘肃省武威市凉州区、酒泉市肃州区
入围时间	2006 年
传承意义	河西宝卷反映了广大人民群众的社会生活，内容中所表达的劝人为善、助人为乐的精神，对父母尽孝、和兄弟和睦、同他人友好的品行和勤劳生产、爱惜食物的美德等等，都对培养人们的良好品德、促进精神文明建设有着一定的促进意义。不仅如此，河西宝卷还是一种极为古老并带有浓厚宗教色彩的通俗文艺，它的存在、发展和人民的文化水平有着非常密切的关系。

每逢农闲的时节，在夏日的树荫之下，在冬天的热炕之上，凉州山区的人民群众就会相聚在一起，津津有味地听别人演讲宝卷的故事。随着说宝卷者的情绪变化和故事情节的起伏发展，绍念到一些关键的地方，下面的听众们就会不约而同地加入到集体的朗诵和合唱当中去。那样的场景，那样的神情，既庄严肃穆，又活泼生动，从而让宝卷不仅成为一种简朴实用的娱乐，也让广大的人民群众从中受到一定的启发和教育。

河西宝卷是根据唐代敦煌变文、俗讲以及宋代说经的基础上发展而

成的一种民间吟唱的俗文学。变文、俗讲和说经主要是采纳和传承了敦煌佛经的结构，而凉州宝卷则是在继承的同时将其进一步的民族化、地方化和民间化，从而使其成为了我国民间讲唱文学的一种形式。

河西宝卷在明清时期大量产生，并在全国多个地方广为流传。在今甘肃河西地区的广大农村，宝卷仍然被广大人民群众所津津乐道。每年的春节前后和农闲时节，很多村子都会举行隆重的讲宝卷的活动，正因为如此，才让大量的手抄本宝卷得以保存。近十多年以来，一些民间的文艺爱好者深入到河西农村对宝卷进行挖掘研究，经过不懈的努力，终于初步整理出了河西宝卷的分布、保存和宣卷的情况，从而也整理出版了一些宝卷。

宝卷在河西一地分布面十分的广泛，涉及二十多个县市。其中，文化相对落后，交通比较闭塞的村子，就是宝卷广为流行的主要场所。宝卷传播的主要方式有以下两种：第一种是文字传播。宝卷的故事相对都比较长，最短的篇幅也有五六千字的内容，最长的甚至达到了八九万字的内容。当地的人们认为抄宝卷是一种积功德的行为,有文化的人们平时都愿意去抄写宝卷。抄完以后都会进行保存,也有的人也会将之转赠给自己的亲朋好友。一些不识字的人们就会请人抄写宝卷,希望靠宝卷来镇妖避邪。当然,也有一部分的宝卷是木刻本或者石印本。

宝卷所流传最基本的方式是"宣卷"。宣卷人在开始之前都要先洗手漱口,然后点上三炷香,朝西方或者佛像虔诚的跪拜,等到心静下来以后,才可以读宝卷。听读宝卷的人一定要宁静专心,不可以大声喧哗和随意四处走动。只有在中途念卷的人休息的时候,才可以进行活动。另外,在听众当中还要有几位"接佛人"。所谓的接佛人,就是等念卷人念完一段韵文或者吟完一首诗以后,重复地吟诵最后一句或者后半句,最后再接着念一句"阿弥陀佛"。这也正是敦煌遗书《俗讲仪式》中所记载的"念佛一声"、"念佛一两声";变文中韵散相交处有"观世音菩萨"、"菩萨佛子"的标记,大约也是这种接佛声。

时至今日,可以搜集到的河西宝卷高达 700 多种,除去内容重复的,也有 110 多篇以上。其中大部分的宝卷都是从中原传承过来的。当然宝卷在河西流传的过程当中,也增加了很多当地人的风俗习惯和方言俗语等等。但是也有一部分宝卷是根据河西民间艺人自己创作而来的,例如反映张掖人民斗争和日常生活的《仙姑宝卷》、反映武威大地震的《遭劫宝卷》和反映古浪大靖人民在武威大地震后又遭兵旱瘟疫等天灾人祸的《救劫宝卷》等等。

除此之外,河西宝卷从内容上来看,还可以分为三大类,每一类的内容可以从变文中找到来源:

第一类是佛教内容。例如《目连三世宝卷》、《唐王游地狱宝卷》。这一类的内容都是从敦煌佛教变文发展而来的。《敦煌变文集》中收有用九个写卷校录的《大目乾连冥间救母变文》,里面写到目连历尽千辛万苦,从阿鼻地狱里救出了自己的母亲。河西《目连三世宝卷》完全沿用了变文的情节，还增添了新的故事内容。它将目连救母的艰险划分成三世：第一世，目连用锡杖打开了地狱，从而让800万的孤魂野鬼得以逃生；第二世，转生成为了黄巢，杀了800万人，以此符合第一世中逃出的孤魂野鬼数目；第三世，目连转生为屠夫，屠宰了无数只的猪羊。当目连的功行圆满的时候，就改行一心向善，最终将自己的母亲救出了地狱，一起来到了天堂。《唐王游地狱宝卷》一文就是来源于敦煌遗书《唐太宗入冥记》，其直接的源头应该是《西游记》里面的内容，只是对地狱的惨象作了更多的铺陈和渲染，因果报应和转世轮回的说教也更加的突出。

第二类是我国历史故事和现实故事的宝卷。例如《孟姜女哭长城宝卷》就是来源于《孟姜女变文》，《天仙配宝卷》就是来源于《董永变文》。写现实故事的还有《还金得子宝卷》和《黄忠宝卷》等等。

第三类是寓言类宝卷。例如《老鼠宝卷》和《鹦哥宝卷》。敦煌遗书中有两篇《燕子赋》，内容与此极为相似。《燕子赋》中的黄雀打伤了燕子夫妇，强行占据了他们的鸟巢，于是燕子就去告状，终于让黄雀受到了应有的惩罚。而《老鼠宝卷》中的内容和构思和它也是大体相同。老鼠喜欢偷吃东西，猫要吃了老鼠，老鼠就先跑去阎王那里告状。阎王判案，先听了老鼠的哭诉，就训斥了猫不该以大欺小，最后在听了猫的一番陈述以后，就裁判老鼠应该被猫所食用。《鹦哥宝卷》主要是宣传孝道的。鹦哥为了给自己的母亲采摘新鲜的梨子，就不辞劳苦飞了五千里路程，找到了一处果园，不料却遭到了捕捉。鹦哥不愿自己成为别人的玩物，绝食力争，最终得以带着梨子回归家中。孝道思想是敦煌文学所推崇的主题之一，在这一点上《鹦哥宝卷》和敦煌文学是保持有内在联系的。另外用飞禽为主角的寓言故事，也是从西汉的《神乌赋》、三国曹植的《鹞雀赋》和唐代的《燕子赋》等这一线索中演变发展来的。当然，我们说宝卷是来自敦煌民间文学，主要是指它们的主要内容和艺术形式上的紧密相连，并不是说所有宝卷的题材和故事框架都是来源于变文的内容。

不仅如此，河西宝卷的基本形式也是采用韵散结合的方式，散说部分一般都是先交代故事所发生的时间、地点、人物、经历和结果的一系列的发展过程。韵文部分主要是重复散说部分的故事，句式也都是以十字句为主，七言句为辅，其中还包括了五言句和四言句，句子也有一定的平仄韵律。就散说和韵文部分的比重来说，韵文要多于散说。

除此之外，河西宝卷还大量反映了人民群众切身的社会生活，有的寓言故事谴责忤逆，规劝孝道，惩恶扬善，劝人为善。宝卷的内容虽然通俗易懂，却也寄托了广大人民群众发自内心的喜怒哀乐。也正是因为宝卷内容的通俗易懂，寓教于乐，才得以深深地根植在人民群众的心里，进行世世代代的相传，经久不衰。

另外，研究考证河西宝卷对敦煌学研究也有所帮助。河西宝卷中所提倡的助人为乐的精神，对父母恪守孝道，和兄弟和睦相处，同他人友好的品行和勤劳生产、爱惜食物的美德等等，对培养人们的良好品德、促进精神文明建设都有一定的促进意义。河西宝卷是一种十分古老并且具有浓厚宗教色彩的通俗文艺，它的存在、发展和人民的文化水平有着极为紧密的联系。常年遭受戈壁沙漠封闭着的河西地区，历史上交通不便、文化落后，天灾人祸接连不断。河西宝卷就是生长在这样一种文化氛围当中，作为河西人民群众的精神寄托和文化娱乐，宝卷经历了数百年的变迁仍旧呈现出一副欣欣向荣的景象。

然而，近几年来，随着社会经济的快速发展，文化生活的逐步提高，河西宝卷的听众正在不断地减少，河西宝卷正面临着被电视文化所取代的危险。趁宝卷还没有被人民群众所遗忘的时候，应该对此进行挖掘研究。研究河西宝卷，就有助于敦煌学的进一步深入研究。河西哺育了敦煌，敦煌也影响了河西。河西宝卷不仅是敦煌变文的嫡传子孙，同时还是活着的敦煌变文。追根究底，研究河西宝卷就可以进一步认识敦煌变文的特质。因此，河西宝卷，是我国俗文学史的宝贵资料，是我国民俗文化史的一朵奇葩，对我国俗文学史、民俗文化史的研究有着十分重要的意义。

遮帕麻和遮咪麻

【非物质文化遗产百科名片】	遗产项目	遮帕麻和遮咪麻
	所属地区	云南省梁河县
	入围时间	2006 年
	传承意义	《遮帕麻和遮咪麻》作为一部详细叙述创世的长诗，形象生动地反映了人类社会从母权制向父权制过渡的状况。故事中所描述的盐婆神话是我国古代西南民族游牧文化的一块"活化石"。《遮帕麻和遮咪麻》也被视为是阿昌族文化发展的一座丰碑，同时，阿昌族还将其称为是"我们民族的歌"。

　　《遮帕麻和遮咪麻》作为一部详细叙述创世的长诗，形象生动地反映了人类社会从母权制向父权制过渡的状况。故事中所描述的盐婆神话是我国古代西南民族游牧文化的一块"活化石"。《遮帕麻和遮咪麻》也被视为是阿昌族文化发展的一座丰碑，同时，阿昌族还将其称为是"我们民族的歌"。

遮帕麻和遮咪麻的传说故事，无论是唱诗还是白话故事，内容几乎都是相同的。故事详细讲述了阿昌族的始祖遮帕麻和遮咪麻造天织地、制伏洪荒、创造人类、智斗邪魔腊訇而使宇宙恢复和平景象的全过程。因此，遮帕麻和遮咪麻不仅仅是阿昌族最受崇拜的神仙，同时还是所有寻常百姓人家的护佑之神和阿昌族祭祀活动时的主掌之神。

根据创世史中的传说，开天辟地的天公"遮帕麻"和地母"遮咪麻"是阿昌族人民的祖先，是创世的始祖，遮帕麻编好了上天，遮咪麻织好了大地，然后两人又共同创造出了人类。遮帕麻教人们上山狩猎、下河捕鱼。遮咪麻则教人们生火做饭。除此之外，他们两个还教人民驯养鸟兽、结绳记事等等。之后人类就在美丽富饶的大地上快乐地生活着。这样的生活一直持续了很多年。

直到有一天，暴风雨忽然席卷了整个大地，到处都是一片汪洋，人类也陷入了无穷无尽苦难的深渊。遮帕麻急忙用原先从大地上抽下来的三根地线缝好了东、西、北三边的天地，只剩下南边的天地没有地线可以进

行缝补,狂风还在猛烈地刮着,暴雨也还在不停地下着,南边的人们还在受苦受难,遮帕麻和遮咪麻在经过一番商量以后,决定在拉涅旦建造一座南天门,用来阻挡风雨。于是,遮帕麻就带着神兵神将前往拉涅旦建造南天门去了。

这边,遮咪麻带领着东、西、北三面的人们恢复了正常的生活,可是,刚刚摆脱洪水深渊的人们,又面临着更大的一场灾难:火神和旱神腊旬降临到了大地的中央。这个魔王腊旬极为憎恨遮帕麻和遮咪麻创造了人类并给他们自由和幸福的生活,他平时就是以制造灾难和毁灭幸福为快乐。他制造了九个假太阳烤干了水塘,晒枯了所有的花草树木。

就在大地上的万物生灵面临毁灭的时候,遮咪麻派水嫩猫去找涅旦,请来了遮帕麻。遮帕麻用法术战胜了腊旬,最后将他毒死并碎尸万段。然后又制作出了一张巨大的弓箭,射落了天上的九个假太阳,让人类又获得了新生。为了让人类永远快乐幸福地生活下去,遮帕麻教男人们耕种田地,遮咪麻教女人们纺纱织布。

为了防止天地之间再一次出现妖魔鬼怪破坏世界和平,影响人类幸福生活,遮帕麻和遮咪麻向人们祝福以后一起飞上了天空,遮帕麻骑上了月亮,遮咪麻骑上了太阳。白天的时候,遮咪麻俯瞰着大地万物;夜晚的时候,遮帕麻巡视着天空,他们共同守护着人类的安宁生活。让人们再次过上了幸福安康、风调雨顺、富足快乐的好日子。阿昌人也因此不断地繁衍生息,人口越来越多,一代代都过上了幸福美满的快乐生活。

可是,在人类传到了第九百九十代的时候,恶魔腊旬的阴魂又还阳了,他恨透了遮帕麻和遮咪麻把他碎尸万段,将他皮在东、肉在西、骨在南、筋在北,吃尽了几万年的苦头。如今他托生为三嘴怪人,一张嘴用来吃天,一张嘴用来吃地,还有一张嘴用来吃人,他每天都要吃上九个童男童女,人们对他痛恨不已,就一起把他赶到了九座山的外边。三嘴怪人并没有就此罢休,他使出了妖法,把大地上的水全部弄干了,让树叶变得干枯,让田地变得干裂,让农作物着火。然后他又再次跑回来想要吃童男童女,人们再一次拿起棍棒和刀叉和他进行了殊死搏斗,可是却依然没有办法将他打败。其中有一个名叫腊亮的小伙子爬上了大树,用硬弓连射了两箭,射中了三嘴怪人的两只眼睛,他只得逃跑了。三嘴怪人逃跑的时候卷起了一阵怪风,带走了九个童男童女。

为了寻找被三嘴怪人卷走的九个童男童女,战胜恶魔腊旬,勇敢的腊亮身背着硬弓,翻越了九十九座大山,路途中历尽了千辛万苦,战胜了无数的猛虎毒蛇。当腊亮拼得精疲力尽的时候,遮咪麻从天上派来了一位使者,赐给了他一葫芦的圣水和一枝开满白花的"桑建"树枝,并说道:"这水是圣水,花是神花,'桑建'树是降魔棍,不管什么时候有恶魔灾难,只要你用'桑建'树蘸着圣水洒去就可以免除灾难"。腊亮用"桑建"树蘸葫芦里的圣水四处洒去,于是全部的花草树木都复活了,整个人类也因此复生,大地再一次呈现出欣欣向荣的景象。并且还救回了童男童女,打死了三嘴怪人。从此以后,人们过上了幸福安宁的快乐生活。

人们为了感谢遮帕麻和遮咪麻的创世之恩,补天缝地、降妖伏魔多次挽救人类生命的大恩大德,每年的初春时节和"桑建"花开的时候,阿昌人都要耍舞狮、舞象、舞双龙,蹬着"窝罗"举行祭祀活动。

不仅如此,历史上还流传下来一种祭祀天公"遮帕麻"和地母"遮咪麻"的古老宗教议事,早在1993年5月的时候,德宏州九届人大常委会第三十次会议就决定将阿昌族节日名称统一为阿露窝罗节,并且于每年的公历三月二十日举行,节日时间两天。阿露窝罗节期间,在宽阔的舞场上就会竖立起节日的标志,并且会在顶部架设着一张弓箭,箭直指苍天,象征着遮帕麻用它来射落魔王腊旬制造的九个假太阳,青龙和白象则代表着吉祥如意。过节的时候,阿昌族的男女老少都会穿上鲜艳夺目的民族盛装,翻山越岭,汇集到舞场。一开始的时候会用"活袍"在标志前焚香念诵古老的祭词,然后杀一只红公鸡用以祭祀遮帕麻和遮咪麻。最后大家再入场一起欢跳阿露窝罗舞蹈。

阿昌族的长篇诗体创世神话《遮帕麻和遮咪麻》主要流传在云南省德宏傣族景颇族自治州、梁河县阿昌族人民群众当中,以唱诗和口头白话两种形式流传到今天。

另外,阿昌族的人口总共有三万多人,大部分都是聚居在云南省德宏州梁河县九保、曩宋和陇川县户撒三个阿昌族乡。在阿昌族宗教和民俗活动当中,都要念诵全部的《遮帕麻和遮咪麻》。普通百姓在修建房屋、迎候亲戚、娶亲迎候媒人的时候,都要一边唱歌一边跳舞。最开始的唱词是盘家谱,首先唱颂阿昌族的始祖遮帕麻和遮咪麻创造了人类,从而让族人之间可以联姻并不断地繁衍传承。

最初的时候,遮帕麻和遮咪麻的传说故事在阿昌族可以说是妇孺皆知,耳熟能详。可是,时至今日,由于懂得阿昌古语的人越来越少,可以说唱史诗的"活祀"(祭司)也由一开始的 8 个人减少为 2 个人,古老的创世神话也因此面临着消亡的危险。

苗族古歌

【非物质文化遗产百科名片】

遗产项目	苗族古歌
所属地区	贵州省台江县、黄平县
入围时间	2006 年
传承意义	民间口传文学作品苗族古歌,是我国从古至今流传下来的唯一一个非宗教典籍的传世记史诗,同时还是一本集苗族历史、伦理、民俗、服饰、建筑、气候等为一体的百科全书。

　　苗族古歌,是我国苗族古代的民间史诗。苗族古歌一直以来都是在民间进行口头流传。依据苗族古歌的内容和形式来推断,它大约起源于汉代至宋代之间。苗族古歌是建立在原始神话传说的基础上,并逐步地发展起来的。它借用了神话传说的资料,采取了类似于"盘歌"的一问一答的形式,以解释自然现象和历史现象为线索,概括地反映了苗族人民对天地形成、万事万物的产生、人类的起源、民族的迁徙等一系列问题的基本认识。

　　《苗族古歌》中提出了云雾是形成宇宙万事万物的最初物质的思想,认为在天地形成之前,就已经有了云雾的存在。之后,云雾在经过不断的变化发展,就逐渐地形成了天和地。天地形成以后,日月星辰也开始相继地出现了,万物也就随之产生,人类社会也就开始了。苗族的先民运用自然本身的物质云雾来说明宇宙万物的起源和形式，否认了上帝创造宇宙，这种观点是一种朴素的唯物主义思想。

同时，苗族古歌还认为自然界是可以被认识和进行改造的，人们拥有智慧和力量去战胜自然界的一切。在《苗族古歌》一书中还详细说道，在远古时代，上天经常压着大地，大地也经常压着天，每一天都要黑上六次，每一夜都会跨六个地方，山坡上也没有花草树木，平地上也是空空荡荡，找不到任何可以吃穿的东西，人们都是蕨根当饭吃，用树叶做衣服穿，直到后来，人民历尽千辛万苦，运来了金子和银子，打成了撑天柱，才把天撑稳，把地支固。之后，人们还建造房屋，修建村落，开田耕种，于是就形成了一个个村落，人们自此也有了东西吃，有了衣服穿，人们的生活也呈现出一副幸福安宁的状况。

不仅如此，《苗族古歌》还提出了人类起源的思想认识，认为从最初的物质云雾到天地的形成，从天地到万物的产生，从植物到动物，再到人类的出现，都是经历了漫长的历史演变发展过程。《苗族古歌》中还说到枫树生出蝴蝶，蝴蝶是人类、兽类和神灵共同的母亲。《苗族古歌》中有关人类

起源的描述,尽管只是一些比较幼稚的猜测,但是也包含了一些进化思想的意识。

《苗族古歌》虽然是采用了神话传说的形式,但是却肯定了人能创造工具、使用工具,是可以战胜一切,战胜神灵的。所以它的主要倾向还是积极向上的,注重现实的。《苗族古歌》中的一些朴素的唯物主义思想在苗族人民中也有着极为深远的影响。枫木产生人类的说法,在各个民族的史诗和传说中都独具特色。

因此,《苗族古歌》是一个民族的心灵记忆,是苗族古代社会的百科全书,具有史学、民族学、哲学和人类学等多方面的价值。时至今日,这些古歌神话还在民间广为流传。

然而,由于受到了现代文化和市场经济的强烈冲击,苗族古歌正面临着失传的危险。以台江为例,在全县13万的苗族同胞中,能够完整颂唱苗族古歌的人没有几个,截至目前,只有二百多人能够颂唱一些不完整的苗族古歌,并且还都是一些中老年人,如今传承苗族古歌的老人已经年迈。如果再不采取有效措施去抢救保护,那么苗族古歌这一民族珍宝就必会湮灭在历史的长河里。

台江县为了能够将"苗族古歌以及古歌文化"申报联合国科教文组织"人类口头与非物质文化遗产代表作"名录,于2001年成立了"台江县苗族文化保护委员会暨申报世界遗产委员会"。经过这几年的不懈努力,台江县已经收集到了苗族古歌有5大组,将近6万多行,30多万字,并编写、出版了以苗族古歌为主的申报世界非物质文化遗产文本《苗人的灵魂——台江苗族文化空间》一书。

除此之外,国家也极为重视非物质文化遗产的保护,2006年5月20日,苗族古歌经国务院批准被列入了第一批国家级非物质文化遗产名录。贵州省黔东南苗族侗族自治州台江县也被称为"苗疆腹地",文化部公布的国家级非物质文化遗产名录中,台江县入选项目有 3 个:苗族古歌、苗族姊妹节和反排木鼓舞。

希望随着苗族古歌的申遗成功,可以使这一民间文化瑰宝得以传承并发扬光大。

刻道

【非物质文化遗产百科名片】	遗产项目	刻道
	所属地区	浙江省绍兴市
	入围时间	2006 年
	传承意义	《刻道》是苗族民间的一部诗歌总集之一,是居住在我国境内的苗族群体中,至今唯一保留的一种古老的刻木记事符号。同时,刻道也是迄今为止苗族最早的记事实物和该民族最古老的文字工具。

苗族"刻道"也称为"刻木",翻译成汉语就是《苗族开亲歌》的意思,主要流传于贵州省施秉县柳塘镇飞云大峡谷的一个山坡洼地里。苗族的先民就用一些奇妙的符号把开亲歌的目录刻在一个一尺长的小木棍上,这样一来携带起来非常方便,所以也叫做"歌棒"。

《刻道》是苗族民间的一部诗歌总集之一。它是施秉、黄平凯里等地苗族人民爱唱的一部有关生活婚姻关系的史诗。《刻道》中记述了古代苗族年轻姑娘反对姑舅表婚并迫使这一封建婚姻势力作出让步的斗争过程。如果详细研究《刻道》这一史诗巨作，就可以让人们进一步了解到苗族婚姻关系的演变过程。

故事的内容是从一个苗族姑娘的成长过程开始说起来的，话说卞几一天天地长大，开始和她的朋友们一起上山做农活了，卞几长得清秀美丽，为人也十分的勤劳善良。因此前来上门提亲的人非常多，其中就有喜欢卞几很久的戏尼家的孩子，于是戏尼家就托宝相来卞几家做媒。宝相就带着一把伞，提着一只鸭子来到了卞几的家中。可是宝相不好意思说自己是来提亲的，只是说是去集市赶场的，顺便到卞几家来看一看，但是卞几的家人看到宝相提着鸭子，就明白他其实是来提亲的。

等到吃饭的时候，宝相终于忍不住将实情告诉了卞几的母亲："前几天我路过你们寨子的时候，看到你的女儿在放牛的时候唱起的歌谣，她唱的都是想要出嫁的歌曲，我就想姑娘大了总要嫁人，就像树木大了要分枝一样，我如今受戏尼家的委托，到你家来提亲，你不会拒绝吧?"卞几的母亲听完以后说："这是一门很好的亲事，可是我的女儿还小，才只有十一岁。让她去放牛牛还跑去踩糖，让她去洗菜也是洗不干净，你们还是过几年等我的女儿长大再来提亲吧。"宝相又说："卞几已经不小了，等你女儿的年龄可以出嫁了，别人家的儿子也许早就相别人了，再说小伙子年龄大一点没关系，姑娘的年龄要是大了，就不好找婆家了"。

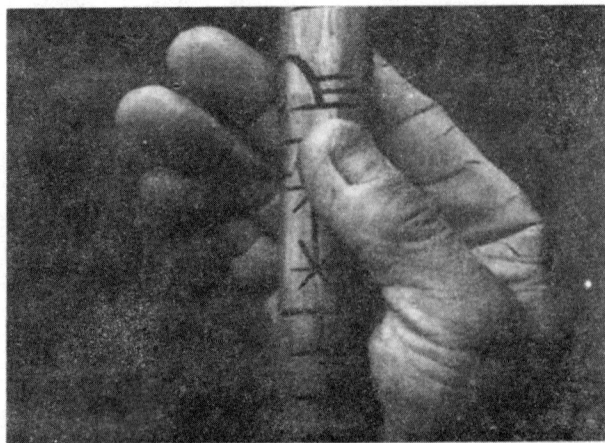

　　一直躲在旁边的卞几听完宝相和母亲的对话以后，就觉得自己的确可以出嫁了。所以急忙跑出来对宝相说："我已经长大了，可以出嫁了"。母亲听了以后非常生气，对着卞几说："你要嫁就去嫁吧，我原想你年纪还小，不想让你去别人家受苦，没想到你自己倒着急嫁人，那我就不管了。"宝相看到这个情形就劝说卞几的母亲，卞几的母亲实在没有办法，只好推托说，我们家的女儿还必须得到漾尤舅舅同意，这门亲事才能办成。并要宝相先回家去，等到二十一日之后再给准确答复。

　　戏尼家要提亲，卞几也想嫁人，这可急坏了卞几的母亲。她只好按照老规矩，跑到了漾尤舅舅家里去征求他的意见。她问娘舅，并说明了卞几要出嫁的事情，问漾尤舅舅多久来接亲？漾尤舅舅是一个老实人，他说我自己的孩子还小，女儿还没有出嫁，儿子也还没有娶，你女儿大了只管出嫁，作为娘头礼，你只要给舅姥一两一的银子表示一下心意就可以了。可是，这个时候隔壁邻居有个暴牙的人在一旁出了一个馊主意。他叫漾尤舅舅家什么都应该要。他说你的媳妇也没有了，你就应该找姑妈家要银子、布匹和耕牛等等，这些要求都是应该的。可是话已说了出来，不好再改，所以就只好设计一个圈套，表示还要娘头钱的意思。

　　漾尤舅舅砍来了一捆蒿菜杆，让卞几母亲带回家，卞几母亲也不知道这把蒿菜杆是什么，所以还是高高兴兴地接受了并带了回家。回到家中的卞几母亲非常开心，因为她觉得卞几的婚事这次可以轮到自己做主了。人们都觉得卞几的母亲有些异样，可是又不好问她什么。这个时候，寨子里面一个懂得古礼的叫做勾挪的人，得知了这个情况以后，就跑去问她，她就把漾尤舅舅的事给勾挪说了一遍，并且还把漾尤舅舅给她的一把蒿菜杆同时递给他看。

　　接过蒿菜杆以后，勾挪非常吃惊地说："卞几妈呀，你高兴得太早了，你舅舅太狠心了，这不是一把普通的蒿菜杆，这是你漾尤舅舅要的娘头礼，而且是非常重的娘头礼。"于是，勾挪就向卞几母亲解释这把蒿菜杆的意思："这一把蒿菜杆代表你家漾尤舅舅要的娘头礼，这些数目代表的是银宝要三百两，绣布要三百幅，骡马要三百匹，水牛要三百头，白鹅要三百只……"，还没听完，卞几母亲就吓得浑身发抖，不知道该如何应对，卞几父亲回家听说了这件事以后，就和卞几母亲一起商议用什么办法才能应付这场娘头礼大难。

卞几的父母经过商议，决定制作一把牛角做成的弓箭，用银子做弦，用铜做箭，然后喊漾尤舅舅来过节，如果谁碰到了那根弓就让卞几嫁到谁家。其实这个意思就是说，你存心不让我嫁女儿，我就把女儿嫁到你漾尤舅舅家，看你怎么办。可到了那一天漾尤舅舅来了，他才知道上了当，漾尤舅舅坚决不同意要，卞几母亲没有办法，只好逼卞几出嫁了。

首先，卞几母亲先是逼丫环代替卞几到舅舅家去，可到了丫环去挑水的时候却被别人识破，漾尤舅舅只好包了粽子粑将丫环送了回去。丫环被送了回来以后，卞几明白顶替是不可能的了，只有逼卞几自己出嫁，卞几不愿意，就故意说没有银饰可以戴，没有新衣服可以穿，可当卞几母亲满足了她所有的要求以后，她还是不愿意。卞几母亲实在没有办法，就只好把家产分给了卞几，并让一些人来劝说卞几，卞几才勉强答应嫁到漾尤舅舅家。卞几到舅舅家去了三年，日子一久，卞几身上的花衣被也被磨烂了，长裙也被磨短了，找舅舅要线织布，舅舅却给她一把梭草，要布匹却给了她芭蕉叶，而且卞几从来就没有见到自己的爱人长的什么样，于是卞几开始决定反抗了。

漾尤舅舅让卞几去挑水，她就故意将水搅浑了再挑；让她去舂米，她就故意在米里面加上沙石；让她去割草，她就去放羊……不仅如此，卞几还开始向漾尤舅舅要丈夫了。她说："我到你家已经有九年半的时间了，锅都被烧破了九个，席子都被睡烂了九床，衣服都穿烂了九套，不管怎么样，我都一定要见到我的丈夫了。"并威胁说如果没见到自己的丈夫她就要拆了房屋,烧了板凳,漾尤舅舅没有办法,只好哄骗卞儿,说她的丈夫还在读书,要她自己去找,于是卞儿就和漾尤舅舅的小女儿一起出去找她的丈夫了。她们来到学校以后,老师却告诉卞儿说她的丈夫不在学校,并且还说卞儿的丈夫还小,还在山坡上放羊,卞儿知道自己再一次被漾尤舅舅给骗了。后来在一个山林里面她们找到了卞儿的丈夫——宝漾尤,并把他带回了家。

卞儿和宝漾尤回家以后,他们就商量着怎么干活,怎么开始自己的新生活。由于宝漾尤还是一个小孩子,耙也扛不动,田也不会犁,田埂不会锄,煮饭也煮不好,什么东西都需要卞儿去做。卞儿开始发怒了,她觉得这样的日子再也过不下去了,她想这样的生活还不如死了算了。于是她就带了一根绳子,到枫树上去上吊。幸好被巫朵和勾久两老夫妻遇上,才把她救了下来,挽回了一条命。漾尤舅舅觉得事情闹大了,不把卞儿送回娘家就要出人命了。于是漾尤舅舅决定送卞儿回娘家。

回到娘家以后,漾尤舅舅就要求大家来评理,意思就是卞儿不愿意待在他家,他已经把她送了回来,要求还是要娘头钱,卞儿的母亲当然不会同意了,因为卞儿已经去了漾尤舅舅家九年了,现在根本没有道理再来要娘头钱。不得已,卞儿母亲找来了勾栋劳、金颂甘和望六纳等当时懂古理的人来评理。官司一直打了九天九夜,都始终没有一个满意的结果,原因就是漾尤舅舅家还是坚持要娘头礼。后来一个名叫喜宣的人来说情,说是同意给娘头礼,让漾尤舅舅先回家,但漾尤舅舅怎么也不同意,理由是口说无凭,怕他们耍赖,并要求在大枫木上刻上理数才算数。于是《刻道》就在这样的情况下产生了。

《刻道》是民族古歌当中历史最为悠久、规模最为庞大、流传最为广泛的酒歌,里面共包含有一万多行的歌词。刻道是苗族先民们在经过长期的生产、生活实践中创造、积累和演变而形成来的。在不断演变发展的过程中又吸收了许多其他民族优秀的民歌精华，从而形成了苗族诗歌特有的特色和风格。古歌中对环境的描写、对人物语言、行动、心理和性格的刻画，都非常的鲜明生动。因此，《刻道》不仅仅是一部具有浓郁民族气息的苗族婚姻叙事长诗，同时更是一部规模庞大、历史悠久的苗族古歌，它不但取得了非常高的文学艺术成就，而且在苗族的起源和迁徙、图腾崇拜、数学知识、语言学等方面的研究上也提供了重要的参考价值。

然而，随着时间的不断流逝，苗族的婚姻习俗已经有很大一部分被现代的生活方式所同化，很多当下的年轻人都会追求现代化的娱乐方式，没有人会对古老的刻道感兴趣。时至今日，能够完整颂唱的人已经没有几个了，有的村寨甚至已经出现传承断层的局面。如果再不加以抢救和保护的话，那么刻道这个优秀的民间的遗产就会被湮灭在历史的长河里，因此，对道刻的保护迫在眉睫。

布洛陀

	遗产项目	布洛陀
【非物质文化遗产百科名片】	所属地区	广西壮族自治区田阳县
	入围时间	2006 年
	传承意义	《布洛陀》是壮族的一部古老而又内容丰富多彩的创世史诗。布洛陀创世史诗和歌颂布洛陀创世业绩歌谣，可以说是壮族先民的一部原生形态的百科全书，里面保存着壮族先民对客观世界、对自然环境的幼稚认识，保存着壮族先民和自然界作斗争的历史，凝聚着壮族先民千百年来在生产、生活等各个方面所积累下来的智慧和经验。

布洛陀是我国壮族先民间口头文学中的神话人物，是受人尊崇的创世神、始祖神和道德神。《布洛陀》是壮族的长篇诗体创世神话，主要内容描述了布洛陀开天辟地、创造人类的丰功伟绩，从古至今都是依靠口耳相传的方式在广西壮族自治区田阳县一带传承。大约从明代时期开始，布洛陀在口头传唱的同时，还采用古壮字书写的形式进行保存，其中就有一部分布洛陀变成了壮族民间麽教的经文。

据传，《布洛陀》起源于广西田阳县的敢壮山。传说，布洛陀和姆洛甲受到玉帝的派遣，于农历二月初一起程，用箩筐分别挑着五个孩子以及镰刀和锄头等用具,乘着玉皇大帝宫殿前摘下的两片树叶,飞到了田阳的上空。这个时候,乌云密布、电闪雷鸣、雷雨交加,布洛陀肩上的扁担忽然断了,两只箩筐也坠落到大地上面,分别落在了相距十里的那贯和三今两地,形成今天的敢壮山和五子山,锄头和镰刀坠落的地方也划开了一道大沟,成为了今天的右江河。

后来,到了每年的三月出气、初八和初九这三天,许多来自田阳及周边的百色、田林、田东、平果、凌云、靖西、德保、巴马等县市的十多万壮族民众,都会自发地来到敢壮山举行一场隆重的朝拜布洛陀的祭祀大典——歌圩盛会。祭祀大典由当地德高望重的壮族麽公来主持,各村寨的民众都会以糖、烟、果、饼、酒、猪、鸡、鸭、鹅、牛、羊等供品,按先来后到的顺序上香祭供,然后再由麽公带领众人高声念诵祭词,感谢祖公布洛陀赐给他们丰收、保佑百姓平安幸福。祭祀完毕以后,众人就会沿着通往山上的小路上山,一路燃香至祖公庙前去还恩许愿。所以,从山脚到山顶,会形成一道烟雾缭绕的香火长龙。最后,众人就会分散到四周的山坡草地,互

相对唱起山歌,这种男女老少尽情欢歌的场面会持续很久,有的时候甚至会唱到第二天上午还不肯离去。

《布洛陀》的内容主要包括了布洛陀创造天地、创造人类、创造世间万物、创造土皇帝、创造文字历书和创造伦理道德六个方面,从中反映出了人类从最开始的蒙昧时代走向了农耕时代的历史,以及壮族先民各个部落的社会生活情况,这对历史学、文学、宗教学、古文字学、音韵学和音乐学研究等方面有着重要的学术价值。

除此之外,《布洛陀》的创世神话在内容上还具有原生性特点,在漫长的口头传承过程中,经过了一代代人民的不断加工和丰富,艺术性也得到了进一步的完善和提高。布洛陀不仅仅可以帮助人们很好地认识历史、满足人民的生活需求,同时还具有重要的教化作用。

因此,《布洛陀》创世史诗和歌颂布洛陀创世业绩歌谣,可以说是壮族先民的一部原生形态的百科全书,其中里面保存着壮族先民对客观世界、对自然环境的幼稚认识,保存着壮族先民和自然界作斗争的历史,凝聚着壮族先民千百年来在生产、生活等各个方面所积累下来的智慧和经验。

然而,随着时间的推移和现代化经济的强烈冲击,如今的《布洛陀》已经面临着传承断层的危机,需要有关部门对布洛陀进行抢救和保护,从而使其在现代化社会得以继续传承。国家非常重视非物质文化遗产的保护,2006 年 5 月 20 日,《布洛陀》口头文学经国务院批准被列入了第一批国家级非物质文化遗产名录。

刘三姐歌谣

【非物质文化遗产百科名片】	遗产项目	刘三姐歌谣
	所属地区	广西壮族自治区宜州市
	入围时间	2006 年
	传承意义	刘三姐歌谣体现出了中华民族民间传统艺术活态文化的魅力,不仅具有见证民族历史和情感表达方式的文化史研究价值,同时还具有很高的美学等多种方面的研究价值。

　　每年的"三月三"对于壮族地区的人民来说就是一个盛大的节日,因为这一天,是他们的歌圩日,又称"仙歌节",他们会举办一场盛大的节日来纪念歌后刘三姐。1984 年,广西壮族自治区人民政府正式将这一天定为壮族的全民性节日——"三月三"歌节。歌节期间,除了传统的歌圩活动以外,还会举办抢花炮、抛绣球、碰彩蛋以及演壮戏、舞彩龙、擂台诗赛、放电影、武术表演和杂技表演等各种各样丰富多彩的活动。除此之外,各种商业贸易、投资洽谈等活动也会加入其中,从而形成了一种"文化搭台,经济唱戏"的新风尚。每每这个时候,岭南壮乡的人们都会齐聚此地,欢歌热舞。源源不断的歌笑声,表达了人们对生活,对爱情的美好憧憬和向往之情。

　　相传刘三姐出生于唐中宗神龙元年(705 年)，自幼聪慧过人，能歌善舞，被人们视为"神女"。刘三姐和同村的卖柴歌手李小牛青梅竹马，彼此之间都爱慕已久。可是当地的大财主莫怀仁却以他们触犯礼教为名，把他们捆绑起来扔到了河里，李小牛被淹死，刘三姐却侥幸逃过一劫，顺着河流一路漂到了柳州境内，然后被一位老渔人给救了起来，并收为义女。后来，刘三姐在柳州城内唱歌又唱出名来，莫怀仁得知以后，就请来了三个歌手和刘三姐赛歌，结果落败而归。莫怀仁恼羞成怒，就命令自己的手下把刘三姐给捆绑起来装进猪笼，沉入河底。刘三姐死后，人们就在她的坟前供祭了两条大鲤鱼，正在祭奠的时候坟墓忽然之间裂了开来，刘三姐从里面跳了出来，然后骑着一条鲤鱼飞上了天，而另外一条鲤鱼则变成了"鱼峰山"。直到今天，鱼峰山上还有刘三姐的白玉雕像，洞内也塑有男女对歌的雕像。

　　刘三姐歌谣起源于宜州，可是在广西、全国甚至全世界都产生了深远的影响，展示出了壮族歌谣文化独特的艺术魅力。刘三姐歌谣的主要内容分为：生活歌、生产歌、爱情歌、仪式歌、秘语歌、故事歌和创世古歌 7 个种类，分别都具有以歌代言的特色。另外，刘三姐歌谣的传承相对完整、歌谣种类也十分丰富多彩，民族特色十分鲜明生动。

不仅如此，刘三姐歌谣还包含了千百年来极为丰富的情感和杰出的诗性智慧，由于刘三姐歌谣轻便灵活，形式简单，所以比较容易被广大人民群众所接受，从而借此表达他们对现实生活的真实感受，吐露心中的喜怒哀乐。因为这些歌都是发自于人们内心的情感，所以听起来感人至深。

　　除此以外，刘三姐歌谣还覆盖到壮族人民的婚丧嫁娶以及各种节庆礼仪当中，从而和人们的日常生活紧密相连。歌谣中娴熟运用的对比手法以及口传心授的歌咏习俗，曲调优美，形式多样，展示了壮族歌谣鲜明的艺术特色。同时，刘三姐歌谣的传统脉络清晰，代代相传，形成了一种群体性的思维方式，是人们在长期生产生活实践基础上形成来的集体意识，沉淀着很多古老的观念，内涵丰富。刘三姐歌谣的精神主旨就是壮族文化，只是借助了汉族文化来进行展现，从而使其成为了多元化相互融合的象征所在。

　　因此，刘三姐歌谣在全国甚至全世界都产生了深远的影响，表现出了中华民族民间传统艺术活态文化的魅力。刘三姐歌谣不仅具有见证民族历史和情感表达方式的文化史研究价值，同时还具有民族学、人类学、社会学、美学等多个方面的研究价值。

　　但是，伴随着壮族传统"靠对情歌选择伴侣"社会基础的逐渐消失，以及其他多元文化的强烈冲击，刘三姐歌谣面临这传承断层的危险，需要采取有效措施进行抢救保护。

畲族小说歌

【非物质文化遗产百科名片】	遗产项目	畲族小说歌
	所属地区	浙江省静景宁县
	入围时间	2006 年
	传承意义	畲族小说歌是畲族民间歌谣中的精髓所在，也是畲族最具代表性的文化表现形式和闽东地区最有特色的艺术类别。畲族小说歌在畲族文化史和文学史上都占有十分重要的地位，是畲族文化发展中一个进步性的代表。

　　畲族小说歌起源于福建省霞浦县侯南镇白露坑村。白露坑是畲族人口最为密集和文化沉淀最为丰富的地区，堪称是闽东第一村。畲族小说歌盛行于清代，最初的时候畲族小说歌的歌手中一些能识字的人，都会将汉族章回小说和评话唱本改编成为本民族山歌口头唱本和手抄唱本，然后逐渐在本民族流传的英雄人物事迹的基础之上，结合本民族的生活、心理、语言等特点创作出一些作品，例如《高皇歌》、《历期歌》、《钟良弼》、《白蛇传》、《十贤歌》、《钟景祺》、《蓝佃玉》等，都是以此形成而来的小说歌。小说歌作为一种长篇故事歌，是畲族人民群众所创造出来的独特的文学样式和文化载体。

　　从内容方面来看，畲族小说歌很大一部分都是取材于我国民间戏曲

和曲艺中的故事,而且还和畲族的日常杂歌有所区别。畲族小说歌的基本诗学特点包含了以下四个方面:

第一个方面,叙事性强,有鲜明的故事情节;

第二个方面,有严谨的结构章法,每一篇小说歌都是由许多的单首歌曲组成,单首的结构一般是四行,每行是七个字,相当于汉语中的"七绝";

第三个方面,运用多种手法对人物形象进行艺术加工;

第四个方面,作者的名字会被巧妙地隐藏在每首歌的歌尾部分。

由于畲族小说歌内容丰富多彩,形式多样、语言轻松明快、音韵和谐,可以不采用典故,不进行夸张和修饰,融入叙事、咏物和抒情为一体,情感真切,因而得到了畲族人民群众的普遍认同。畲族小说歌不仅仅是畲族歌谣中的精髓所在,同时也是畲族最具有代表性的文化表现形式和闽东地区最有特色的艺术类别。畲族小说歌在畲族文化史和文学史上都占有十分重要的地位,是畲族文化发展中一个进步性的代表。

畲族小说歌的出现,结束了畲族没有戏剧的历史,其影响面远及闽浙两省和全国,使之成为中华民族又一朵文化奇葩。对畲族小说歌的进一步发掘和保护,是维系整个畲族文化最为有效的桥梁和途径。畲族小说歌已

经远远超越了自身存在的价值范畴，从而成为了整个畲族宝贵的文化遗产，因此，畲族小说歌作为一个民族文化进步的标志性产物，具有不可替代性。

截至目前，整理到的畲族小说歌的手抄本和口头小说歌有 130 多本。健在的歌王传人钟昌尧不仅一边唱歌、传歌，还四处搜集民歌，目前他已搜集到一百六十多段，共计一百多万字的畲族小说歌，并且整理出了包括小说歌在内的五百多首。但是钟昌尧已经是有着 73 岁的高龄，需要有传承人来继续他的畲族小说歌事业。

吴歌

【非物质文化遗产百科名片】	遗产项目	吴歌
	所属地区	江苏省苏州市、无锡市、上海市青浦区
	入围时间	2006 年
	传承意义	吴歌，是我国文学史上对吴地民歌民谣的一种总称，是吴文化的重要组成部分。吴歌经过人们口耳相传，一代代的传承，因而具备了浓厚的地方特色，是极具民族特色和地方色彩的民间韵文形式。

吴歌，是我国文学史上对吴地民歌民谣的一种总称，是吴文化的重要组成部分。吴歌是吴语方言地区广大人民群众的口头文学创作，起源于江

苏省东南部,而苏州地区就是吴歌产生并发展壮大的中心区域。吴歌经过人们口耳相传,一代代的传承,因而具备了浓厚的地方特色,主要以表现男女之间的爱情为主。

顾颉刚先生就曾在他编写的《吴歌小史》中描述道:"所谓的吴歌,就是广泛流传于这一带小儿女们口中的民间歌曲。"民间歌曲一般包括"歌"和"谣"两个部分,"歌"一般指的就是"唱山歌",当然也包括一些俗曲之类;"谣"一般指的就是"顺口溜"。"这一带",大致说的就是长江三角洲的吴语地区。由于历史上历代对区域划分不同,早期的"吴"是吴国领域的泛指,甚至还包括如今的南京和扬州等地。

如今所说的"吴",指的就是吴语地区,包括了江苏南部,浙江北部和上海市,也就是江、浙、沪等地的同一个语言文化圈,是共同属于传统吴文化的范畴之中。其中苏州就刚好在它的中心位置,它是一座以"天堂"美名享誉古今中外的历史文化名城,历史上采集的吴歌,都是以它为中心,因此在我国文学史上占据着十分重要的帝位。吴歌和历代文人所编著的

诗、词、歌、赋又有所不同，是下层人民群众所创造出来的俗文化，是民间的口头文学创作，主要是依靠民间的口口相传和一代代传承，是极具民族特色和地方色彩的民间韵文形式。

另外，吴歌里面还包括了"命啸"、"吴声"、"游曲"、"半折"、"六变"、"八解"六类音乐，其中后面三类是汉代以来就有的。除此之外，还有"神弦曲"，这是当地的民间祭祀乐歌。"吴声"中还有一种依据旧曲而创新的编曲手法，人们称之为"变"。

吴歌的历史悠久。相传在殷商末年，周太王之子泰伯从黄土高原来到了江南水乡，建立了勾吴国，并采用"以歌为教"的方式，从那个时候算起，吴歌已经拥有了 3200 多年的历史。早在宋代郭茂倩编《乐府诗集》的时候就已经把吴歌编入到《清商曲辞》的《吴声曲》中。明代冯梦龙采录宋元到明中叶广泛流传在民间的大量吴歌，编辑成为《山歌》和《挂枝儿》。清代时期就是长篇叙事吴歌的成熟繁荣时期，经过一些书商的刊印，文人的传抄和民间艺人的传承，大量的长篇叙事吴歌得以保存。

到了"五四"运动前后，北京大学发起了歌谣活动，其中《晨报副镌》于 1920 年起连载吴歌，之后又陆续编辑出版了《吴歌甲集》(顾颉刚)、《吴歌乙集》(王翼之)、《吴歌丙集》(王君纲)、《吴歌小史》(顾颉刚) 等等。20 世纪 80 年代以来，又继续编辑成了《吴歌丁集》(顾颉刚辑、王煦华整理)、《吴歌戊集》(王煦华辑)、《吴歌己集》(林宗礼、钱佐元辑)等等。这一系列的编辑整理，让大量的吴歌得到搜集、整理和研究。尤其是长篇叙事吴歌的发现、挖掘和"中国民间文学三套集成"歌谣卷的编纂出版，让大量的吴歌得到了抢救和保护。

进入 21 世纪以来，有关部门又再一次编辑出版了《白茆山歌集》、《芦墟山歌集》、《吴歌遗产集粹》和《吴歌论坛》等几百万字的吴歌口述和研究资料。中国民间传统文化是世界文化宝库中不可或缺的一部分，吴歌如今也逐渐受到了西方学者们的重视。其中,安·比雷尔的《汉代民歌》和《玉台新咏》就将南朝的吴声歌曲翻译成了英语;科奈莉亚·托普曼翻译出版的冯梦龙的《山歌》就将明代的吴歌翻译成了德语;荷兰学者施聂姐出版的《中国民歌和民歌手——江苏南部的山歌》则研究和翻译了部分现代吴歌。除此之外,联合国科教文组织"中国传统民歌保存情况考察团"还曾在1994年的时候来到了苏州和常熟地区详细考察了吴歌的保存情况。这在很大程度上说明了中国传统民间文化是世界文化宝库中的一部分。

然而,在长期封建社会小农经济生活条件之下,农村交通不便、农民生活困苦,文化生活匮乏,那个时候唱山歌就是唯一的娱乐方式,除了劳动场所以外,到了农闲时节,人们都会进行唱山歌活动,这样不仅可以自由地抒发情歌,还可以展示人们的创作才能,表现人们的聪明才智,丰富人们的生活。因此,山歌成为了农民生活中不可或缺的精神食粮和娱乐工具。有的地方还将山歌一代代进行传承,从而培养出许多优秀的歌手。有的歌手则常在赛歌会上通过对歌、赛歌,施展才能,被人们所赞颂。

但是随着经济的快速发展和多元化文化的强烈冲击,吴歌正面临着创作停止和传承人断层的局面,需要尽快进行抢救和保护工作。

因此,吴歌作为一种优秀的民间文化,作为我国宝贵的民间文化遗产。受到了国内外众多学者们的重视。2006年5月20日,吴歌经过国务院批准被列入第一批国家级非物质文化遗产名录,申报城市为江苏省苏州市。2007年6月5日,经过国家文化部确定,江苏省苏州市的陆瑞英和杨文英被选为该文化遗产项目代表性传承人,并被列入了第一批国家级非物质文化遗产项目226名代表性传承人名单。

珠郎娘美

【非物质文化遗产百科名片】	遗产项目	珠郎娘美
	所属地区	贵州省榕江县、从江县
	入围时间	2008 年
	传承意义	珠郎娘美的故事包含了侗族文化的各个方面，对于民族凝聚力的增强，加强民族团结和睦，弘扬优秀的侗族传统文化，建设侗族新文化和构建和谐社会主义都起到了十分重要的作用。

　　早在 20 世纪 50 年代，侗族著名的民间故事《珠郎娘美》就通过电影《秦娘美》的播放而享誉海内外，这个故事是发生在乾隆年间榕江三宝桐乡的一个真实的故事。直到今天，这个凄美的爱情故事不仅仅在我国侗族地区被侗族人民所深深传颂，同时故事主人公娘美的精神也一直激励着广大侗族人民在人生道路上克服种种困难，向阻碍社会进步的思想、封建习俗和恶势力作斗争。

　　"珠郎娘美"故事主要讲述的是：清朝道光年间，口寨有一位勤劳善良、美丽聪明的侗族姑娘，名叫娘美。和口寨紧紧相连的朵帕寨上，有一个勇敢俊秀的孤儿，名叫珠郎，小名秀朗。娘美和珠郎两家的田地连在一起，两人在共同的劳动中，对彼此产生了浓浓的爱意，于是结为了一对甜蜜的恋人。可是，娘美的母亲却将娘美许配给了定达寨的舅家人。后来，母亲为了阻止娘美和珠郎见面，就将娘美锁在了家中不准出去，并打算强迫娘美结婚。珠郎得知娘美被关以后，十分生气。但又无可奈何，只好趁每天晚上的时候徘徊在娘美家的门前。

转眼就到了农历四月十八日，距离舅家人来娶亲的时间还有三天了，娘美趁母亲熟睡的时候，打破了窗户，逃出了房间，和等候在外的珠郎相会，两个人见面以后痛哭不已。最后，两个人决定远走他乡，用逃婚的方式来向封建社会包办婚姻抗争。两个人摸黑走了很久，历经千辛万苦，走到了七百贯洞。

贯洞寨的乡亲们非常同情珠郎和娘美的遭遇。可是，当地的大财主银宜却起了坏心，因为寨子里的人都夸赞娘美貌美无比，他想要强娶娘美为妾。于是，他就假装热情地收留珠郎和娘美在家中落脚，并和珠郎结拜为兄弟。寨子里有一名名叫蛮松的贼人，看出了银宜的用意，就给他出了一条毒计，在寨子里聚众"起款"的时候，让珠郎吃"枪尖肉"，然后趁这个机会杀害他，让娘美无所依靠，到时候必然会乖乖就范。

之后,珠郎和众人被逼上江箭坡参与"聚款",在吃"枪尖肉"的时候中计被刺死。

娘美在得知珠郎遇害以后,痛不欲生,一路跑到江箭坡上想要找到珠郎的遗骨。之后,娘美在返回贯洞寨的时候,猛烈击鼓。寨子里的人听到了鼓声,都纷纷向鼓楼走去。娘美当众宣布:"我的爱人珠郎已经被人杀死了,现在我找到了他的尸骨,谁要是愿意帮我把珠郎埋了,我就嫁给谁!"银宜听完以后大喜,赶忙答应由他来埋葬珠郎。

这个时候,贯洞寨的寨主当众说:"鼓楼议事,不是儿戏,既然如今你们一个愿意埋,一个愿意嫁,那么这件事就这么定了。"议事完毕以后,娘美要银宜独自跟她上山,银宜急忙答应,并暗自高兴不已。

娘美让银宜在珠郎吃"枪尖肉"的地方挖坑,可是银宜挖了一尺深的时候就不想再挖了,娘美说:"死于刀枪之下的人都要深葬才可以,你再往下挖三尺。"当银宜挖到三尺多深的时候,已经累得气喘吁吁。就在他弯腰想要休息的时候,娘美眼明手快,快速拿起锄头,对准银宜的脑袋,狠狠地打了下去,银宜没有防备,当即倒在地上,娘美趁机又打了几下,直到银宜再也动不了了,才把坑口两边的泥土往下埋,把银宜埋在了自己挖的深坑里面,为珠郎报了仇。

失去了珠郎的娘美伤心不已,她带着珠郎的遗骨,顺着两人当初逃婚的山路,一路哭着回到了三宝侗乡,然后亲手将珠郎的遗骨安葬在朵帕寨旁,好让自己能够时时陪伴着他。

珠郎娘美之间的爱情悲剧,在黔、桂、湘侗乡等地广为流传。娘美原本姓杨,1955年,广西三江县改编了侗戏《娘美秀郎》,三江侗族有姓秦的,就给娘美安了个"秦"姓。1956年,贵州在创作这部戏的时候,仍沿用了"秦"这个姓。1960年,贵州省黔剧团将侗戏剧本《珠郎娘美》改编成黔剧《秦娘美》演出,然后在全国各地放映,引起了极大的反响。

时至今日，珠郎娘美虽然早已人去音消，但是当年娘美和寨子上姑娘们捶侗布的大青石还依然摆放在故居遗址，娘美当年所佩戴的银饰也依然熠熠生辉。三宝侗寨的乡亲们，在古榕下为珠郎娘美还立了雕塑。2003年4月18日，珠郎老家——王岭寨——上的乡亲们，为珠郎墓立下了石碑，珠郎娘美故事必将会千古流传。

珠郎娘美的故事包含了侗族文化的各个方面，这对于民族凝聚力的增强，加强民族团结，弘扬优秀的侗族传统文化，建设侗族新文化和构建和谐社会主义都起到了十分重要的作用。珠郎娘美的爱情故事俨然已经成为了侗族文化的一个象征符号，这对于建设一个"珠郎娘美文化生态圈"，从而进一步加强"活态文化"的保护有着十分重要的意义。另外，对珠郎娘美故事的研究也有助于进一步科学全面地保护国家非物质文化遗产。

侗族著名的民间故事《珠郎娘美》是本民族题材故事的优秀典范，是侗族优秀民族文化瑰宝，是集民族性、艺术性、本土性、娱乐性、教育性和趣味性为一体，是侗族人民智慧的结晶。

哈尼哈吧

	遗产项目	哈尼哈吧
【非物质文化遗产百科名片】	所属地区	云南省元阳县
	入围时间	2008 年
	传承意义	哈尼哈吧，是我国哈尼族民间文学的重要组成部分，是哈尼族人民记住历史、传承文化、传授知识、总结经验、道德规范、展望未来、传播良好风尚的主要载体，是红河哈尼梯田文化的"活化石"，同时还是一张展现红河文化的名片。

　　"哈尼哈吧"主要广泛流传于红河哈尼族彝族自治州红河南岸元阳、红河、绿春、金平县以及建水县坡头乡、普雄乡等哈尼族聚居地区。这里地形险峻、沟壑纵横、雨量充沛、气候温和，呈现出"一山分四季、十里不同天"的气候特征，尤其适合梯田稻米的生长。同时，这里的哈尼梯田是现今世界上梯田稻作物面积集中连片的最大的区域，面积高达 80 多万亩。独特的地理气候条件、勤劳勇敢的哈尼族人民和当地的其他族居民，用自己的双手创造出了世界上规模最大的农耕梯田。

　　作为农耕梯田的首创者之一和最大的发扬者——哈尼族，其梯田耕作历史悠久、耕作面积最广阔、农耕技术最精深。由于哈尼人的生存发展主要依赖于梯田的开垦发展，因此梯田也深深地影响了哈尼族人民的生产生活的各个方面,从而形成了一种独特的梯田农耕文化现象。哈尼族的没有自己的文字,农耕生产生活知识的传播也主要是依靠口传心授,"哈尼哈吧"就是在这样的情况下成为了重大节庆活动和朋友聚会场合中传承文化知识的主要方式。

"哈尼哈吧"在哈尼语中是哈尼古歌的意思,是哈尼族社会生活中流传最为广泛,影响最为深远的民间歌谣,是区别于哈尼族山歌、情歌、儿歌等种类的一种庄重、典雅的古老歌唱方式。

不仅如此,"哈尼哈吧"还涉及哈尼族古代社会的生产劳动、宗教祭典、人文规范、伦理道德、婚嫁丧葬、吃穿用住、文学艺术等等,是世世代代以梯田农耕生产生活为核心的哈尼人教化风俗、规范人生的"百科全书"。从目前已经收集整理到的"哈尼哈吧"资料来分析,哈尼古歌《窝果策尼果》、《哈尼阿培聪坡坡》、《十二奴局》、《木地米地》可以说是"哈尼哈吧"的经典代表作。

另外,从"哈尼哈吧"的演唱方式来看,哈尼哈吧是哈尼族传统文化

最为重要的传承方式,是哈尼族传承知识、交流情感、凝聚民族精神的重要纽带。

从"哈尼哈吧"的内容来看,哈尼哈吧内容丰富多彩,囊括了哈尼族社会的生产劳动、宗教祭典、人文规范、婚嫁丧葬、吃穿用住、文学艺术等各个方面,可以说是哈尼族社会教化风俗、人生规范的无文字记载,口语传承的"百科全书"。同时,"哈尼哈吧"还是哈尼族乃至整个西南农耕少数民族口头与非物质文化遗产的经典代表,是系统研究哈尼族传统社会生产生活、宗教祭典、人文规范、伦理道德、婚嫁丧葬、吃穿用住、文学艺术的重要资料,有十分重要的历史、科学、文学艺术价值。

"哈尼哈吧"实际上就是哈尼族人民记录历史、传承文化、传授知识、总结经验、规范道德、展望未来、传播良好风尚的主要载体,是红河哈尼梯田文化的"活化石",还是一张展现红河文化的名片。

随着经济的快速发展和多元化文化的强烈冲击,"哈尼哈吧"正面临着传承人断层的局面,为进一步保护、挖掘、传承"哈尼哈吧"这一优秀的民族文化资源,元阳县拨出了大量资金用于支持这一举措,并同时在2011年组织有关人员深入到哈尼族民风习俗比较深厚的31个自然村寨,全面调查有关"哈尼哈吧"的产生、发展、演变的历史渊源以及分布、流传情况、传承人、传承内容、传承方式、发展技巧及其价值等10项基本内容。并采取了文本记录、录音、摄像等多种形式对所挖掘到的"哈尼哈吧"民族文化资源进行整理、归类存档,以供对"哈尼哈吧"文化资源的抢救、研究。

维吾尔族达斯坦

【非物质文化遗产百科名片】	遗产项目	维吾尔族达斯坦
	所属地区	新疆维吾尔自治区
	入围时间	2008 年
	传承意义	"达斯坦"是维吾尔族历史悠久的一种曲艺形式，是我国民间文化的重要组成部分。作为一种曲种的达斯坦，主要是以说唱长篇韵文故事为基本特征。

"达斯坦"是维吾尔族有着悠久历史的一种曲艺形式。"达斯坦"在维语中就是"叙事长诗"的意思。作为一种曲种的达斯坦，主要是以说唱长篇韵文故事为基本特征。达斯坦之所以会成为说唱表演的曲艺形式，主要是由于维吾尔族借用本民族的大型音乐套曲、古老的"木卡姆"中的曲调选段来进行歌唱表演的。

据传早在公元 3 世纪至 7 世纪时期，生活在中国新疆地区的维吾尔族中，就广泛流传过一部名为《阿里甫·埃尔杜额阿》的达斯坦节目，主要讲述的就是本民族英雄埃尔杜额阿的英雄事迹。从这以后，表现英雄人物就成为了达斯坦说唱的一个传统。除此之外，还有《艾里甫与赛乃姆》等多部描写爱情故事的作品。音乐具有一定的叙事性和抒情性。

　　因而，达斯坦开始在维吾尔族广大人民群众中间世世代代地广泛流传开来。其中，著名的赞颂英雄人物的达斯坦就有《玉素甫·艾卖提》和《阿不都热合曼汗·霍加》，以及歌唱民族英雄弹唱艺人斯依提的《好汉斯依提》等等，另外讽刺性的达斯坦代表作有19世纪的维族诗人艾合卖提夏·卡尔卡希创作的《问候》。

　　维吾尔族达斯坦绝大部分都是由散文和诗歌结合而成的，当然这里面也有完全采用诗体语言叙述的达斯坦，还有完全采用散文语言叙述的达斯坦。维吾尔族达斯坦还和书面文学有着十分密切的关系，流传在维吾尔族民间的达斯坦，很久以前就已经被古典文学家们所记载，其中一部分达斯坦是经由诗人们创作之后，再广泛传播到民间，例如大量穆热巴、穆罕迈斯、柔巴侬等等。

　　不仅如此，维吾尔族民间达斯坦绝大部分都是建立在国际情节的基础上创作而成的。所谓的国际情节，其实就是指在数个国家或数个民族中共同流传开来的故事情节。例如维吾尔族人通过广泛流传在中亚和阿拉伯、波斯、印度的民间故事，最终创造出了自己独特的达斯坦，并且这些达

斯坦还有着十分丰富多彩的音乐曲调。

除此之外，达斯坦在表演的时候，通常都是由一个人至三个人演出，其中主要表演的人都会手持民族乐器热瓦甫或者都它尔、弹拨尔、沙塔尔等，自弹自拉自演。而其他的演员就会分别持着手鼓或者石片等击节演唱。并且，达斯坦演出的场所十分灵活，集市、茶馆、宴会上都可以进行表演。据说新疆境内的柯尔克孜族著名的英雄史诗《玛纳斯》，就是用达斯坦的形式表演出并广泛流传开来的。

然而，伴随着现代印刷技术的快速发展和大量普及，很多的维吾尔族达斯坦都以印刷的形式得以出版和发行，为维吾尔族的读者创造了接触阅读达斯坦的机会，随着一部分的达斯坦的汉语翻译本的发表和出版，也为更多的汉族以及其他少数民族的读者提供了直接阅读参考达斯坦的便利。也正是如此，和之前少数的达斯坦听众群体相比，达斯坦的受传者数量得到了明显的增加。现代电子传播媒体的快速发展繁荣也促进了达斯坦的各种电子版本的进一步传播，从而加快了达斯坦的多种多样的流传方式的形成和发展。

截止到目前，维吾尔族达斯坦用口头传播、文字传播、印刷传播和电子传播等 4 种不同的传播方式同时并存。但是，文字传播、电子传播等传播媒体除了对达斯坦的传播产生积极的推动作用之外，也对达斯坦的口头传播活动带来了一定的消极影响，主要表现为达斯坦的听众在逐日减少。大众媒体的快速普及在很大程度上丰富了广大人民群众的休闲娱乐方生活。一向非常喜欢娱乐休闲的维吾尔族人民已经成为了现今社会大众传播媒体的忠实观众、听众和读者。电视、DVD、录音录像设备、电脑和收音机以及各类报刊图书等读物也极大地扩大了广大人民群众文化娱乐活动的空间。

由于大众媒体的便捷性、广泛性，以及大众性的特点，即便是文盲和盲人都可以接受电视、电影和收音机等穿传播方式,因此在一些民族地区,电视的普及率和影响力非常高。随着电视节目的多样性、教育性和趣味性发展,电视已经成为了当下所有人们最乐意接受的传播媒体。不仅如此,网络的快速发展和普及也吸引了众多的民众,当然也包括一些民族地区的广大中青年群体,由于以上的种种原因,就直接导致了维吾尔族达斯坦的听众队伍快速减少。

现如今,"维吾尔族达斯坦"正面临着社会多元化艺术形式的强烈冲击和传承人断层的危险局面,为进一步保护、挖掘、传承"维吾尔族达斯坦"这一优秀的民族文化资源,希望有关部门能够尽快提出有效的解决措施。

哈萨克族达斯坦

【非物质文化遗产百科名片】	遗产项目	哈萨克族达斯坦
	所属地区	新疆维吾尔自治区文学艺术界联、合会民间文艺家协会、沙湾县、福海县
	入围时间	2008 年
	传承意义	哈萨克族达斯坦是哈萨克族一种古老的民间长篇说唱的曲艺形式,被称为是哈萨克族历史的"活化石",在哈萨克族文学史上占有十分重要的地位。

"达斯坦"是哈萨克族有着悠久历史的一种曲艺形式。"达斯坦"在维语中就是"叙事长诗"的意思。大约在 9 世纪到 10 世纪时期,达斯坦还是民间口述的文学形式,情节非常复杂、篇幅也非常的长,通常一首达斯坦可以唱上一天一夜。由于"达斯坦"主要是歌颂哈萨克族青年反抗压迫,争取婚姻自由的斗争精神,所以在哈萨克族文学史上占有十分重要的地位,因此也被称为是哈萨克族历史的"活化石"。

从内容上来看,哈萨克族达斯坦主要是由英雄史诗、爱情长诗、历史长诗和黑萨这四大种类构成。在这四大类中,最为有名、影响最为广泛的作品就是英雄史诗《阿里帕米斯》、《豁布兰德》和爱情长诗《吉别克姑娘》、《豁孜阔尔佩席与色彦苏鲁》。

作为一种曲种的达斯坦，主要以说唱长篇韵文故事为基本特征。"叙事长诗"以说唱为表演形式，借用本民族的大型音乐套曲、古老的"木卡姆"中的曲调选段来进行歌唱表演。据传早在公元3世纪至7世纪时期，生活在中国新疆地区的维吾尔族中，就广泛流传过一部名为《阿里甫·埃尔杜额阿》的达斯坦节目，主要讲述的就是本民族英雄埃尔杜额阿的英雄事迹。从此之后表现英雄人物就成为了达斯坦说唱的一个传统。

哈萨克族民间达斯坦是草原文化的重要载体之一，是一种原生态的口头文学。哈萨克族民间达斯坦主要是分布在哈萨克族主要聚居的北疆地区，特别是在阿勒泰地区境内，其中福海县是哈萨克族民间达斯坦流传比较广泛，传承的诗歌最多，民间达斯坦歌手功底最雄厚的一个县。并且大部分都是集中在阔克阿尕什乡、喀拉玛盖乡、齐干吉迭乡、解特阿热勒乡哈萨克民族牧民群众中间。

哈萨克民间达斯坦在本民族聚居领域里广为传唱，可是随着时间的流逝，时代的变迁，哈萨克族民间达斯坦将要被湮灭在历史的长河里。如

今，流传在民间的哈萨克族民间达斯坦大约有 200 多部，可是能全部传承下来的人却非常少。只有阿勒泰地区福海县阔克阿尕什乡齐勒哈仁村 78 岁的老人哈孜木·阿勒曼是如今哈萨克族民间达斯坦唯一正统的传承人，他在 13 岁的时候就开始学艺，直到今天已经有了六十多年，《哈萨克族民间达斯坦》流传下来的近 200 多首中，哈孜木·阿勒曼老人现在还能凭借着记忆说唱出 104 首《哈萨克族民间达斯坦》，俨然是当今靠记忆说唱最多的一位老艺人，不可否认，这是一种极其珍贵却又面临消亡的文明遗产资源。

由于哈萨克族民间达斯坦没有留下任何文本性的资料，所以哈孜木·阿勒曼老人便成了唯一的"活字典"、"歌神"，可是由于他已经年迈，所以这一项极其宝贵的非物质文化遗产的挽救和保护工作变得极为紧急而重要。

2006 年阿勒泰地区文体局、福海县委、政府将哈萨克民间达斯坦作为首批自治区级非物质文化遗产项目申报获得成功。2007 年哈萨克民间达斯坦成功申报为国家级非物质文化遗产名录项目，并授予哈孜木·阿勒曼为非物质文化遗产哈萨克族民间达斯坦传承人。

不仅如此，2008 年福海县委、政府加大了对"非物质文化遗产保护"工作的组织领导，组织成立了非物质文化遗产保护工程领导小组、专家委员会和非物质文化遗产保护工程研究室。展开了对哈萨克族民间"达斯坦"艺人的保护工作，除了每月发放生活费以外，还投入了资金对其居住的房屋进行了维修。这一举措标志着哈萨克族民间达斯坦在经济快速发展、社会不断进步、民族复兴的大环境下获得了新生。

彝族克智

【非物质文化遗产百科名片】	遗产项目	彝族克智
	所属地区	四川省美姑县
	入围时间	2008 年
	传承意义	彝族克智，是一种在彝族民间广泛流传的诗体口传文学，是彝族人民在长期的生产生活中所形成的一种文化积淀，具有十分悠久的历史。它的叙述内容包罗万象，诗体语言也是通俗易懂，艺术性强，读起来朗朗上口，便于记忆。

　　彝族克智，"克智"又称为"克使哈举"。是一种独具特色的拥有固定格式的诗体文学。是广泛流传于彝族民间，并有着悠久历史的口头文学之一。克智的内容十分的丰富多彩，既有抒情，也有叙事，形式也是生动活泼。克智主要是在婚嫁的场合中表演，代表男女亲家两方参加这场婚礼的人，以主客方为对手，各自选出自己能说会道、反应敏捷、思维活跃，知识丰富的人为代表，男女双方的人一般都是一边喝酒一边展开克智的相互对话，双方为了能够压倒各自的对手，各自都会运用大量的比喻、排比，语言内容夸张，语速优美，音乐感极强。

　　在"克智"进行表演的过程当中，双方往往都会针锋相对，有的时候主动进攻，有的时候改为防守。有的时候冲锋向前，有的时候退却往后，有的时候感觉整个场面波涛汹涌，有的时候又觉得风平浪静，没有丝毫波澜。还有的时候彼此从天黑争执到天明也分不出个胜负，最后还是由年长的老人拿酒出来劝止。往往这个时候就会说："你们停下来吧，姑娘还多着呢，你们的克智留着以后在别的姑娘的婚礼上再说吧！"

在说"克智"的时候，主客双方相互交锋，彼此针对对手所阐述的内容，进行一一的辩驳，整个就是一场比智慧，比知识，比反应的比赛，有的时候会说到上古的历史，有的时候又会说到天空大地上的万事万物。为了能够战胜对手，往往要随机应变，急中生智，再加上自由发挥，方可一较高下。下面听着的观众一个个也都是聚精会神，说到精彩的地方，就会鼓掌喝彩。因此，"克智"可以起到一种教育宣传和娱乐人民大众的作用。

"克智"同曲艺对口词和相声又有着明显的区别，彝族克智通常都是由甲乙双方分别代表宾主，当甲在说完一段之后，再由乙去根据甲所说的内容进行相应的回应，每一个回合的内容多则五十行少二三十行。

"克智"在表演的时候也没有固定的场所，大部分都是在火塘边进行，

会以火塘为中心,客人坐在上方的位置,主人坐在下方的位置,彼此对坐,然后开始喝酒表演。下面的听众都会围坐在四周,其中主人和客人,都殷殷期盼着自己的代表能够在这场"克智"表演中获胜。如果主方获胜的话,主方的人就会站出来说:"克智都说不赢,那就别想把我们家的姑娘接走。"如果是客方胜利的话,客方这边也会有人站出来说:"我们的知识丰富,才智过人,和我们亲实在是不行。"因此彝族在办理婚事的时候,都要先选聘克智的高手去接亲,不然就会受到泼水,抹花脸的威胁。

"克智"其实是彝族的一种诗词,并且还是有韵文的诗词。同时,"克智"在音韵和节奏上都讲究协调和谐,讲究语气的轻重缓急。"克智"虽然是灵活多变的,但它并不是杂乱无章、毫无头绪的,也更不是天南海北的胡说八道。它是有头绪,有条理,由浅入深进行逐一表达的,也就是按照开场白、入题、逐步深入、开展、转折、发展、高潮、缓和、结尾等顺序一一进行的。

另外,"克智"的这些表演进行的顺序,也不是固定的,只是大部分的时候是按照这些步骤去进行,内容通常也会根据时间、地点和表演者的不同而会有所区别。"克智"对话的内容也会随着地点的改变而改变。例如举行婚礼的时候,在女方甲是客人,乙是主人;到男方,就会变成甲是主人,乙是客人。不仅如此,"克智"在表演的时候甲乙双方彼此对话的内容,相互之间是要有所关联的,要呈现出一个整体的两个方面,不可以变成双方说一些互不相关的话,更不可以答非所问。

除此之外,"克智"的所包含的内容非常广泛,天文地理,古今历史等等,全都包括在内。毫不夸张地说,"克智"就是一部包罗万象的"百科全书"。例如:赞美古今著名的发明家,不怕危险,为民除害的英雄,只要是为人类做过好事的人以及他们的事迹都会受到加倍的称颂。在"克智"里可以畅谈"勒俄"——史诗、"玛木"——古训世诗,以及远古时期的开天辟地传说,英雄史诗,征服万事万物的故事,等等。在"克智"里,不仅人人得到美的享受,而且还可以让人增长历史知识。除此之外,还有很多哲理性的训词,通常对好的就会加以肯定称颂;对坏的就会加以批评、指责以及讽刺,爱憎分明。

另外,"克智"也涉及人的道德行为的规范,对真善美的倾扬,对假恶丑的批判。"克智"这种彝族所固有的独特的民间口头文学形式让人受益匪浅。

不仅如此,"克智"的语言也十分美妙,比喻生动贴切,想象丰富独特,艺术色彩浓厚,有很强的趣味性,"克智"所散发出来的艺术趣味,吸引来很多的听众。"克智"用夸张、诙谐幽默的语言,进一步增强喜事场合的欢乐气氛以及逢年过节的幸福感和丧事场合的忧愁感。

"克智"艺术的基本表现特点就是夸张,由于它具有十分浓厚的浪漫主义色彩,所以在每一次的"克智"比赛中都会有新增加的内容,因为表演双方,未在表演之前进行预演排练的准备工作,因此全都是即兴之作,以对方所讲述的内容为依据,重新组织内容进行相应的回应。

"克智"的表演和创作,具有乐观向上的精神。"克智"创作的主要手法就是运用夸张,因此,表演者本身要有乐观情绪和大无畏的精神,似乎所有的矛盾在他们的面前都是可以克服的,再加上"克智"所具有的诙谐幽默的特点,所以在表演的时候不但要让听众们哈哈大笑,自己也要面带笑容。闷闷不乐的表演者,不管他怎么努力都是无法将"克智"说好。

想象力丰富也是"克智"的一大特点。克智的这些想象都来源于日常生活,而又高于生活。如果没有深厚的生活基础,就不可能有丰富的想象,从日常生活中去提炼加工,凝练出生动的比喻来构成"克智",而不是呆板、一成不变的。

尽管时代在不断变迁,可是一次又一次的"克智"表演创作,完善、丰富着克智本身,但是由于这些"克智"的内容没有得到很好的搜集整理,所以造成了大量的流失。时至今日,能够被人们经常应用的也只是一些容易记忆的精华。因此,还希望有关部门能够尽快抢救、保护这一优秀的民间文化资源。

桐城歌

【非物质文化遗产百科名片】	遗产项目	桐城歌
	所属地区	安徽省桐城市
	入围时间	2006 年
	传承意义	桐城歌是由山歌、民谣、小调组成,题材十分广泛,内容丰富多彩,影响广泛而深远。桐城歌不仅对黄梅戏的形成起着基因性孕育作用,同时还对戏剧演员的文化熏陶起到了潜移默化的作用。

桐城歌主要是起源于"桐城派"的故乡——安徽省桐城市的一种地方性民歌,是当地劳动人民集体口头创作的一种韵文形式的民间文学,同时还是一种融合词、曲、表演为一体的综合性艺术。另外,桐城歌是由山歌、民谣、小调组成,题材十分广泛,内容丰富多彩,影响广泛而深远。

现在就让我们来节选一部分桐城歌,看看究竟吧:

1.《火亮虫,夜夜飞》:火亮虫,夜夜飞,爹爹叫我捉乌龟。乌龟没有长

毛,爹爹叫我扯毛桃;毛桃没有开花,爹爹叫我扯黄瓜;黄瓜没落地,爹爹叫我去唱戏;唱戏没搭台,爹爹叫我去爬柴;爬柴不够爹爹烧,爹爹把我头上打一个包。我跟奶奶讲(感),奶奶把我头打一个眼(俺)……

2.《小麻鸡,上草堆》:小麻鸡,上草堆。爹爹驮棍子打,奶奶烧水泡麻鸡。爹爹吃(七)肉(育),奶奶啃骨,儿子喝汤,媳妇闻香。小伢小伢你莫哼,锅里还有一块小鸡肫,拿去和你(恩)小姑俩个人分。吃半边,留半边,留给奶奶床里边。老猫含(扛)到踏板上,老鼠含(扛)到屋檐边,老哇叼到树头尖。奶奶好吃(七)哭三天,眼(俺)睛哭之灯盏大,嘴巴哭之歪半边。(踏板:床前放鞋的隔板;老哇:乌鸦)

3.《肚子痛》:肚子痛,找老盛;老盛不在家,找老张;老张家里起着火,不找旁人就找我……

4.《八角树》:八爷门前有八颗八角(各)树,八个八哥在八颗八角(各)树上做了八个窠,八爷拿着八角(各)棍,赶走了八颗八角(各)树上的八个八哥。

5.《八斗田》：我家门前有个八斗田，八斗田里有八个缺，八个缺里有八个鳖，八个和尚拿着八个筲箕，在我家八斗田八个缺里捉到八个鳖。

通常，历朝历代的诗歌都和民间歌谣有着十分密切的关系。唐代诗人曹松，就是桐城文人当中率先进入文学史册的人物代表，他著名的传世作品《曹梦征诗集》，感慨讽喻、长于写实的创作方法，就是明显采用了桐城歌的长处。从这点可以分析、推断出，桐城歌的起源可以追溯到唐代以前的历史时期。到了明代中叶，桐城歌已经兴盛开来，不仅成为了当时安徽地区的主要本土民歌，同时还影响到湘、鄂、赣及浙西等广泛地域，从而形成了一条特色鲜明的"桐城歌谣文化带"，正如明朝学者沈德符在《顾曲杂言》中所描写的："……嘉、隆间，兴'闹五更'、'寄生草'、'罗江怨'、'桐城歌'、'哭皇天'之属，自两淮以至江南。"我们由此可以推断出桐城歌的历史发展轨迹。

桐城歌和其他地方性民歌相比，有着十分显著的特征。以民间文学集成出版的《桐城歌谣》为例，这本书中共包含了桐城歌 254 首，其中最具特色的体式"桐城五句型"就占据了一半，其余的七言四句和多句，也大都是根据七言五句这个基本句式，然后按照所要表达的内容的需要演变发展而成。

就语言艺术风格方面来说，桐城歌不仅含蓄，而且还韵味十足、富有情趣。根据叶桂刚在《中国古代歌谣精品赏析》中的记载，就对桐城歌的语言艺术作了深刻、具体的探讨，其中，称《素帕》"使用了双关的表现手法"，《灯笼》"巧妙地运用了比喻的双关手法"，《塔》运用的是"桐城时兴歌中常用的比喻和象征"等等。

另外，桐城歌和其他歌谣相同的是，既有歌唱，也有吟诵，但是桐城歌歌唱主要是以抒情为主，音调也是铿锵有力，吐字清晰，韵律和谐，节奏明快。清代桐城的著名学者姚兴泉就曾经在他的《龙眠杂忆》中，对桐城歌的音律作了简单明了的表述："调最高而音极响,扬抑疾徐,自然合节","实非寻常吟咏"。

不仅如此,桐城歌因其体式独具特色,语言优美生动,曲调和谐,赢得当朝学界和社会各界的高度重视,再加上民间的广泛流传,所以,在《明代杂曲集》中就收藏了桐城歌 25 首,冯梦龙的《明清民歌时调集——山歌》中就收录了桐城歌 24 首,《中国古代歌谣精品赏析》、《中国古代民歌鉴赏辞典》、《情歌五唱——中国古代民间情歌选》、《中国情歌》等辞书,也都多多少少地对桐城歌进行了不同程度的收录。

说到桐城歌的主要价值,首先就要说的是它对黄梅戏的形成所起的基因性孕育作用。桐城歌流传到湖北黄梅一带以后,给当地的黄梅采茶调提供了非常丰富的文学食粮;得到充实发展的黄梅调在进入安徽安庆以后,由于桐城歌的再一次融入,从而引发了黄梅调向黄梅戏的快速转变。例如《太平灯歌》等,不仅有白话有演唱有对答,而且还有行当和装扮,每个人物都有着自己特定的角色,表演者也都分工明确,它的改版,促使黄梅调快速向黄梅戏的整体演变发展。

除此之外,桐城歌还对戏剧演员的文化熏陶起到了潜移默化的作用,黄梅戏表演艺术大师严凤英就生长在这片土地上,从而深受桐城歌的影响;当代黄梅戏一级演员韩再芬,为了能够进一步唱好黄梅戏,特地去学习桐城歌中的方言和土语。可以说,要想研究黄梅戏的起源和原生态,就必须认真地研究桐城歌。

桐城歌流传十分广泛,有着非常强的文学性和艺术性,对很多地区的民歌都起到了范本的作用。其中,桐城歌流传最为广泛的就是情歌,而情感的句式大部分都是"桐城五句型"。冯梦龙所收录的《山歌》中的吴中山歌,就借鉴了"桐城五句型",而且歌词中也出现了大量的桐城歌词汇和桐城方言。

　　到了 20 世纪 50 年代，桐城人民政府先后拨出了专项经费用于搜集"桐城歌"民间音乐，并先后筛选、整理出 150 多首桐城歌，桐城歌在经过文革时期的浩劫后，仍然有数百首的桐城歌流传于世。到了 20 世纪 80 年代至 90 年代，在有关部门的大力支持下，桐城市文联一批文艺工作者深入民间，经过不懈努力，终于搜集整理原始民间歌谣 8000 余首，灌制录音磁带 100 多盒，拍摄照片 500 多幅，并先后整理出版了《桐城歌谣》和《桐城传统儿歌三百首》。2006 年 5 月，桐城市人民政府专门成立了申报省级非物质文化遗产代表作领导小组，同时，还建立了管理机制，拟定了五年保护计划，致力于让桐城歌再次唱出桐城，唱红安徽，唱响整个中国。

雷州歌

【非物质文化遗产百科名片】	遗产项目	雷州歌
	所属地区	广东省雷州市
	入围时间	2008 年
	传承意义	雷州歌也称雷歌，不仅是雷州半岛的民歌，同时还是广东省四大方言歌之一。雷州歌可以说是南国艺术的一朵奇葩，是雷州文化的一种折射，是炎黄文化的重要组成部分。雷州人民已经将雷州歌看得像吃饭穿衣那么重要。

　　雷州歌也称雷歌，不仅是雷州半岛的民歌，同时还是广东省四大方言

歌之一。雷州半岛位于祖国大陆的最南端,是我国三大半岛之一,雷州歌主要就是分布于雷州半岛 10 个县(市)区以及历史上雷州人所迁往的新加坡、马来西亚、印度尼西亚等东南亚国家的雷州华(侨)人地区。

雷州半岛最初建立于秦朝,属于象郡。当时是少数民族百越人居住的地方。之后到了东晋时期闽南汉人开始逐步迁来到雷州半岛。到了唐朝贞观 5 年,汉人陈文玉担任了雷州的地方长官以后,闽南汉人才大批量地迁入到雷州半岛。如今的雷州半岛绝大多数居民都是闽南先民的后裔,雷州方言也就是闽南语系的雷州语系,闽南当地的民歌在传入到雷州半岛以后,和土著文化、周边地区的文化以及外来文化互相融合,开始逐步形成了一种既古老又新颖独特的雷州民歌。

根据史书中的记载,雷州歌早在宋代时期就已经盛行。可以说,雷州歌是整个雷州文化的一种折射,是炎黄文化的重要组成部分,同时又为炎黄文化增添了新的光彩。雷州当地的人民已经将雷州歌看得像吃饭穿衣那么重要。不仅如此,雷州歌还衍生出有着广东省四大剧中之一的雷剧,其中雷剧的唱词就是雷州歌。雷州歌伴随着雷州人民走过了一段段岁月,同

时还将陪伴着他们开拓未来。要想了解雷州半岛的历史,就先要熟悉雷州的风土人情,要想探究雷州的人文环境,就必须先研究雷州歌。

雷州歌在很早的时候就已经传入到讲闽南语的地区和国家。早在民国之前,雷州的"姑娘"歌组班远赴东南亚国家的雷州华人、华侨地区进行演唱;近年来雷州歌光碟也纷纷寄往港澳台及东南亚、美国、加拿大等国家。因此,雷州歌对海外华人、华侨、尤其是台湾闽南人必将起到连结中华民族文化的纽带作用。

除此之外,雷州歌还是记载雷州人民生存、劳动和生活的斗争史。雷州歌的基本内容就是表现雷州半岛的地理风貌和雷州人民的生存环境、劳动生产、家庭生活、爱情婚恋、历史人文、伦理道德、风土习俗、娱乐戏谑、丧白喜庆、政治时事等等。从而反映出了雷州的整体风貌和劳动生产内容,是雷州歌的主要题材。到了 20 世纪 90 年代,湛江市雷歌研究会根据广大人民群众的切实要求,将雷州歌的韵音全按雷州方言划分。不同的韵音具有表达不同内容的功能。

随着时代的不断变迁,雷州歌的主题思想也得到了不断的升华。另外,蕴藏在雷州半岛的民歌资源也十分丰富,因此,雷州歌具有非常珍贵的历史价值和现实意义。

在雷州半岛上,不管是文人雅士还是乡村野夫,不管是上了年纪的老人,还是妇孺幼童,人人都喜欢唱雷州歌。雷州歌的出现也一直紧随和记载这雷州的历史,简直可以说是雷州人诞生、迁徙、劳动、生活等一部口口相传的历史。雷州歌的对唱歌衍生了"姑娘"歌,"姑娘"歌中的劝世歌又衍生出了雷剧,由此可见,雷州歌在雷州文化中占据有十分重要的历史价值和艺术价值。

雷州歌是雷州人民智慧的结晶。要想进一步了解雷州的历史,想要熟悉雷州的风土人情和人文环境,那么在雷州歌中都可以找到充分的体现。雷州歌中大量的作品是研究和认识雷州的政治、经济、文化等各方面的珍贵资料。

壮族嘹歌

【非物质文化遗产百科名片】

遗产项目	壮族嘹歌
所属地区	广西壮族自治区平果县
入围时间	2008 年
传承意义	壮族嘹歌是我国著名的壮族长篇古歌，是经过历代的口头传诵之后，再由壮族文人的进一步加工和删改，并用古壮字记录，然后在格式上作了适当规范的歌谣集。

　　壮族嘹歌是我国著名的壮族长篇古歌，是经过历代的口头传诵之后，再由壮族文人的进一步加工和删改，并用古壮字记录，然后在格式上作了适当规范的歌谣集。壮族嘹歌和其他口头传唱的民歌有所区别的是，它的内容相对固定，并且全部采用古壮字传抄流行，是一首反映壮族人民劳动、生产、生活、爱情、婚姻、历史等方面内容的传统民歌。

　　有关壮族嘹歌，还流传有一个美丽的传说：相传在远古的时候，姆娘原是一位十分美丽的姑娘，人们都称呼她为仙姑，方圆数百里慕名前来提亲的人们都要踏破了仙姑家的门槛，可是却都被仙姑婉言谢绝。这究竟是为什么呢?原来,仙姑早就和隆安县的一名名叫三偶的小伙子相爱,三偶不仅长相英俊,而且为人还十分勤劳勇敢。仙姑和三偶两人选好了结婚的日期,就是在农历的七月十四日,这一天三偶带着他的迎亲队伍前来迎接仙姑过门拜堂成亲。不料当地的恶霸岜华早就对仙姑的美貌垂涎三尺,多次找人去仙姑家说媒,都被仙姑回绝,因而一直怀恨在心。

当岜华看到三偶已经接到仙姑并准备上路的时候,就赶忙带领着一帮家丁前去拦劫仙姑。仙姑和三偶拼尽所有力气反抗岜华,岜华对此愤怒不已,随手就拉出身上的弓箭朝仙姑射去,岂料弓箭穿过了仙姑的头顶,将仙姑的头发花冠给分成两半。仙姑恨透了岜华的所作所为,就向附近的九龙山借来了一把大斧,和三偶一起同这些人搏斗。在搏斗的当中,岜华的头颅被砍落下来然后变成了一座小山,三偶的头颅也被砍掉踢到了右江河对岸。仙姑失去了心爱的三偶,悲痛不已,毅然决然地变成一座孤山守节终身。后来,人们就称这座山为姆娘山。

人们为了纪念仙姑的不畏强权、敢于斗争,对爱情忠贞不渝的精神,每年农历正月初一至初三、七月十四至十八日,四面八方的青年男女都会自发地汇集到姆娘山东边的一片相思林下面对歌谈情,因而这个地方也就成为了平果遐迩驰名的歌圩之一。

壮族嘹歌的曲调比较丰富多彩,除了《船歌》拥有固定的曲调以外,一般都不会固定哪些歌词采用那些曲调,有的时候可以用不同的曲调去演唱同一首歌,嘹歌在经过千百年的传唱以后,和当地的方言(壮语)相互融合在一

起，从而形成了哈嘹、嘶咯嘹、的客嘹、那海嘹、长嘹、酒嘹等各具特色的曲调。其中这些各具特色的曲调包含了其特别的含义：

1.哈嘹。这个曲调主要传唱于太平、城关、果化三个乡镇的平原、土坡地区。主要由于每个乐段的尾音都延音唱"哈嘹"这个衬词而得名。

2.嘶咯嘹。这个曲调是"欢橹"（即船歌）的专用曲调。以唱舟船和过河为内容的歌词都要用这个曲调来唱，主要传唱于太平、城关、果化三个乡镇的平原、土坡地区。因每个乐段都反复唱出"嘶咯"这个衬词而得名。

3.的客嘹。这个曲调主要传唱于平果县耶圩、同老两个乡和田东县思林镇的半石山、半土坡地区。因引（领）歌句带唱"的客"而得名。

4.那海嘹。这个曲调主要传唱于平果县海城乡石山区那海街一带而得名。由于此曲富于抒发情感，旋律悠扬动听，从而被专家们赞誉为"从泥土里长出来的歌"、"天籁之音"。

5.长嘹。也就是"欢弄"的意思。这个曲调的主要特点是把"啊"、"嘻"、"哎"等衬词进行自由的延唱，其尾音"嘹"也因为要比其他曲种延长而著称。长嘹主要传唱于平果县太平、旧城、耶圩三个乡镇部分石山区。

6.喝酒嘹。主要传唱于平果县新安镇西兰、都先村一带山区。喝酒嘹的唱法是每乐句都会配唱一句歌词，并在每句歌词之中和之后都带唱"嘻"、"哈"、"好友好友"这几个衬词。喝酒嘹因为是喝酒的时候演唱而得名。这个曲调由于传唱区域在右江南岸，受南路山歌"诗"的影响比较大，所以有着明显的"唪诗"和"文歌"的影子。

嘹歌不仅仅是某一个历史时期的作品，同时也是壮族古代民歌发展到一定阶段的产物。嘹歌已经深深地影响到壮族的每一个人，每一个家庭以及他们的社会生活的多个方面，甚至还影响到壮民族文化的传承和社会的进步发展等等。在嘹歌进行传播的地方，壮民族的每一个人，在他们的一生当中几乎都参加过嘹歌的活动，其中也包括掌握汉文化的壮族知识分子在内的壮族各个阶层人民,都曾关注并参与到嘹歌的活动中来。

嘹歌所拥有的独特的艺术构思和表现手法,在我国各个民族的长诗当中都是极为罕见的。嘹歌的主要特点在于采用鲜明生动的艺术形象表达人们的思想感情,在抒情的气氛中展开故事情节。有的时候虽然也在描写景物,可却是为了抒情的需要而演唱出来的,这种表达方式非常符合壮族人民的民族心理特征和民族性格特征。同时,这种抒情还赋予了壮族长诗情真意切、缠绵悱恻的特殊艺术格调,从而让嘹歌成为了壮族文学上的一个瑰宝。不仅如此,壮族嘹歌还给后人学习、研究和借鉴壮族文学提供了重要的参考资料,有着十分重要的意义。

四季生产调

【非物质文化遗产百科名片】	遗产项目	四季生产调
	所属地区	云南省红河哈尼族彝族自治州
	入围时间	2006 年
	传承意义	四季生产调见证了哈尼族梯田稻作文明的整个变迁历程,对人类梯田稻作文明所具有的历史价值和科学价值具有十分重要的参考价值。四季生产调不仅是梯田生产技术的全面总结,同时还是哈尼族社会伦理道德规范的重要作品。

哈尼族四季生产调主要广泛流传于云南省红河哈尼族彝族自治州红

河、元阳、绿春、金平、建水等县的哈尼族聚居区，并且最初起源的时间不会晚于唐代时期。作为山区梯田生产技术及其礼仪禁忌的一本百科大典，哈尼族四季生产调主要内容包括了引子、冬季、春季、夏季和秋季五大单元的内容。其中引子部分主要强调祖先传承下来的四季生产调对哈尼族的生存生活所具备的重要意义，其余部分则是按照季节的顺序分别讲述了梯田耕作的主要程序、技术要领，以及与之相对应的天文历法知识、自然物候变化规律、节庆祭典知识和人生礼节规范等一系列的知识。

四季生产调虽然存在多种不同的版本，但是每个版本的主要内容都是一致的。目前红河州所收集到的歌谣大约有 1670 多行，里面的内容就分为引子、冬季三月、春季三月、夏季三月、秋季三月 5 个部分，完整再现了哈尼族的劳动生产程序和生活风俗场景，传授系统的哈尼族梯田农耕生产技术和独特生活习俗，是一部完整的哈尼族生产生活百科教科书。其中引子部分就有 41 行，并且全都用形象生动的语言强调了传承古歌、传授传统知识的重要性，其余几个部分则是按照季节的顺序分别讲述或介绍梯田农耕的程序，包括泡田、打埂、育种、撒秧、插秧、拔秧、栽秧、薅秧、打谷子、背谷子、入仓等一系列的过程以及相关的民俗活动。这里面也同样包括了与农耕活动相对应的天文历法和自然物候变化的规律，并且还采用简单易懂的语言详细描绘了哈尼族祭寨神、六月年、十月年这三个祈祷祭奠和庆丰收的节日，并对青年男女们进行着人生礼仪的教育。

　　四季生产调的整个体系十分严整，通俗易懂，既可以吟诵也可以歌唱，语言形象生动，贴近日常的生产、生活，而且传承的历史悠久，具有十分广泛的群众基础。四季生产调不仅仅是梯田生产技术的全面总结，同时也是哈尼族社会伦理道德规范的重要作品。

　　通常四季生产调在演唱的时候，没有任何的表演动作和乐器伴奏，音调非常古朴、庄严、平缓、稳健。在东南亚的缅甸、越南、老挝、泰国等国家的哈尼族直到今天都在传唱着这首古老的歌谣。因此，四季生产调具有很高的艺术欣赏价值。

　　除此之外，四季生产调还见证了哈尼族梯田稻作文明的变迁历程，对研究人类梯田稻作文明所具有的历史价值和科学价值具有十分重要的参考价值。另外，四季生产调直白、朴素、诙谐幽默的语言表述风格给人亲切感，从而产生一种艺术享受和审美体验。不管是过去还是现在，四季生产调都在哈尼族社会的生产、生活中起着关键性的指导作用。

　　然而，随着社会的不断变迁、社会经济的快速发展，以及多元化的文化艺术的强烈冲击，如今的哈尼族年轻人的价值观念也随之发生了变化，哈尼族四季生产调的传承也面临着断层的问题。时至今日目，能够系统完整地传唱四季生产调的老艺人和祭师已经寥寥无几，因而，对四季生产调的抢救、保护工作便迫在眉睫。

布依族盘歌

【非物质文化遗产百科名片】

遗产项目	布依族盘歌
所属地区	贵州省盘县
入围时间	2008 年
传承意义	布依族盘歌是采用原生态布依语创作并传唱的民间文学作品，是布依人的口传史诗。布依族盘歌起源于布依族地区，并深深扎根于民间，是布依人民千百年来集体智慧创作的结晶，具有十分广泛的群众性和民间传承性，是极富地域特色和民族特色的文学作品，因而还具有着非常高的文学价值。布依族盘歌有着悠久的历史，它是一部无字的百科全书，具有十分珍贵的文化价值、历史价值和研究价值。

　　云雾缭绕，山明水秀之间，晨起的第一缕阳光投进了吊脚楼里，就像是一束打在舞台上的灯光，悬挂在火焰上的茶壶，正向外"突突"地冒着水蒸气。古朴的桌子上正摆着香味四溢的三角粑、竹筒饭，热气腾腾的渣肉汤，还有香浓欲醉的糯米酒。吊脚楼旁边的竹林中、小溪里，鸟儿正欢快歌唱着，微风轻轻地抚摸着美丽勤劳的布依族姑娘们，有的在飞针走线，有的卷起裤脚在清澈见底的河水里洗衣服，安宁、自然、恬静。

　　这是一个依山傍水的民族，这也是一个没有自己文字的民族。这里就是中国布依盘歌第一乡——六盘水市盘县羊场乡，居住在这里的布依族同胞,用盘歌抒发内心的情感,用盘歌记录日常的生活,用盘歌记载历代的历史,用盘歌传承这里的文明。

布依族盘歌伴随着布依族的形成而产生,起源于春秋战国时期,广泛流传于北盘江流域的布依村寨中,传承的历史十分悠久、由于布依族没有自己的文字,只能依靠歌声来承载社会文明,传承文化,而布依族盘歌就是布依族记载历史、表达内心情感、教育子女、评判社会、记载日常生活的重要的工具之一。

布依族盘歌不仅仅记录了布依族的起源,同时还记载了布依族的历史。不仅如此,布依族盘歌还是布依族青年男女见面相会的时候相互表达情感的重要工具。在布依族盘歌中就有一首叫《纷懂端》的歌曲,里面的歌词就唱道:

过了大年是正月,过了正月是二月,这是艮古不变的真理。正如在春光明媚的正二月,到处都欢唱着能歌善舞的布依族青年男女。

你看,正月的风飘来,二月的风吹起,今天,姻缘之风连着我和你,让我们有机会相会在这里。此时,我们能够相互倾言,相互倾语,如果我有情

来你有意,希望你能以心相许。

曾几何时,我们一个在天涯,一个在海角,相隔千万里,要见上一面实在是困难无比,只有这姻缘之风才让我们走在一起。

从今往后,我会天天都想你。可在今后的某一天,你是否会让我只能遥想你绰约的身姿而泪流如雨;你是否会让我举头望山,还能见青草静静相倚;低头看地,还能见那稻谷依偎在田里,而孤独的我无论往哪都遇不上你。

你让我的心是那样的纠结杂乱,就像天上的浮云交织在一起。天上的浮云还会有飘散的一天,可对你的思念却一直藏在我心里,哪怕有一天我头断腰折,我也还会深深地想你、想你。

有关这一类的布依族盘歌充分体现了布依族人民崇尚恋爱婚姻自由、追求男女平等、遵循伦理道德的优良传统和憧憬美好生活的强烈愿望。

布依族盘歌是采用原生态的布依语创作并进行广泛传唱的一种民间文学作品,是布依族人民的口传史诗。布依族盘歌依照布依族的民族起源、发展、变更和迁徙等为线索,详细记录了布依族的一些重大事件和重要活动,还仔细描述布依族人民聚居地区的自然生态、人文景观、风土人情,介绍布依族婚丧嫁娶的风俗习惯和民族传统文化,劝导布依族同胞助人为乐,发展生产,激发布依族人民同胞创造幸福美好生活的信心。

采用布依语传唱,是布依族盘歌进行传承的基本特征之一。作为叙事长诗,布依族盘歌本该更多地采用朗读的形式,可是实际上大部分的时候都是采取演唱的方式。用于演唱布依族盘歌的曲调有很多种,不同年龄、不同性别、不同区域的人在演唱不同段落的时候各自都会选用相应的曲调。布依族盘歌既可以独唱,也可以相互对唱,同时还可以一个人领唱众人一起合唱,领唱者主要演唱诗词的内容,众人则是演唱衬词的部分。并且大多都是采用"喜调"、"老人调"、"悲调"等叙事调进行传唱。

　　布依族盘歌主要流传于贵州省境内广大布依族地区，以盘县羊场乡境内的布依族盘歌最具有代表性。布依族盘歌通常在不固定的时间、不固定的场合进行演唱，有的时候是一个人独唱，有的时候是两个人对唱，也有的时候是一个人领唱众人合唱。布依族的人民只要高兴，随时随地就可以演唱布依族盘歌，姑娘们在绣花的时候可以唱，人们在劳动的时候可以唱，男女青年在相会的时候可以唱，老人在喝酒的时候也可以唱。然而，布依族盘歌最为盛行和最为传统的演唱还是在婚礼上面，男方家所邀请的迎亲男歌师"报松"和女歌师"亚松"，要和女方家所请的男女歌师展开布依族盘歌的对唱，歌声婉转动听，悦耳动人，给一对新人的婚礼增添了无限的喜庆和欢乐。

　　时至今日，布依族盘歌不论是在内容、形式、谱调等方面都已经较为完整。如果从内容上划分的话，布依族盘歌就包括了劳作、时政、仪式、爱情、生活环境、历史传说等各个方面；如果从演唱场合划分的话，布依族盘歌包括室内演唱和野外演唱两种形式；如果从演唱曲调划分的话，布依族盘歌包括了情歌调、礼教调、婚庆调、丧葬调等。除此之外，布依族盘歌还包括政治、经济、文化、社会、伦理道德、宗教等多个领域，甚至对布依人民特有的心理特征和情感倾向都有形象生动描述。因此，布依族盘歌是布依族人民记载民族历史、文化的重要载体，是布依人的一部无字百科全书，有着十分珍贵的文化价值、历史价值和研究价值。

　　布依族盘歌起源于布依族地区，并深深扎根于民间，是极富地域特色和民族特色的文学作品，因而还具有着非常高的文学价值。作为一种极为古老的文学作品，布依族盘歌要比一般的叙事诗歌、抒情诗歌具有更多的文化内涵。今天，在六盘水市境内乃至周边地区布依族聚居区域内流传的《孤儿苦》、《育儿情》等叙事长诗都是和布依族盘歌起源于一个地方，由此可见其深远影响。另外，布依族盘歌还表现了布依人万物有灵、生命神圣、众生平等、人与自然和谐相处的思想，表达了布依族人民的精神、信仰、价值取向，因此是研究人类学、民族学、民俗学的宝贵资料。布依族盘歌中所表达的理念对于加强民族团结，构建和谐社会起着十分重要的作用。布依族盘歌还是现存的一种鲜活的布依族传统文化表现形式，表达了布依族人民热情好客、善良友善的民族优良传统，具有非常广泛的教育意义。

然而，由于受到现代化进程的猛烈冲击和经济全球化的影响，布依族盘歌的传承人正在不断地减少，原生态的布依族盘歌正面临着生存的危机，再加上如今会讲布依语、使用布依语的人越来越少，用布依语演唱布依族盘歌的人更是屈指可数。当下的年轻人也更为热衷追逐流行娱乐，对古老歌谣的热情逐渐丧失，这就造成布依族盘歌面临传承断层的尴尬局面。随着老一代的布依族歌手的相继过世，如今能够系统完整地演唱布依族盘歌的艺人也已经寥寥无几。布依族盘歌即将被湮灭在历史的长河里。所以应该加紧采取有效、可行的抢救保护措施，让原生态的布依族盘歌得以传承下去。

截至目前，六盘水市已经制订出相关的计划，会对布依族盘歌进行全面详细的专题调查，通过文字记录、音标记录、录音、录像等一系列手段，完成建档工作。除此以外，在2009年各谱调老艺人分别培养五到十名中青年传承骨干；2010年由中青年传承骨干举办培训班，传授《布依族盘歌》演唱技能，壮大整个布依族盘歌的传承队伍；2011年创建布依族盘歌传习所，举办布依族盘歌演唱大赛，从而让布依族盘歌的传播范围更加广泛，扩大影响力；2012年设立布依族盘歌文化机构，对布依族盘歌进行全方位的研究考证，进一步丰富布依族盘歌文化的研究成果，从而促进布依族盘歌这一优秀民间文化的繁荣兴盛。

笑话

【非物质文化遗产百科名片】	遗产项目	笑话
	所属地区	山西省万荣县
	入围时间	2008 年
	传承意义	笑话是一种增强快乐的文化，通常都是以篇幅短小，故事情节简单，文笔巧妙的形式出现，给人以出乎意料的结果，最终取得笑意的艺术效果的文化。

　　笑话是一种增强快乐的文化，通常篇幅短小，故事情节简单，文笔巧妙，并给人以出乎意料的结果，最终取得笑意的艺术效果的文化。

　　笑话一般指的是用一句短语或一个小故事让听者觉得好笑，或是产生幽默感；行动(动作)型的笑话是以动作影响人的视觉及观感，从而让人感到好笑，但是也有人提出观点认为，一个好的笑话必须具备以下三个要素：第一，就是要有优越感。要让人有某种优越感；第二，就是要让人消除紧张。要消除因为忧虑而产生的紧张情绪；第三，就是内容要相对愚蠢。笑话的内容一定要愚蠢得令人吃惊和感到意外。

　　笑话的种类繁多，大致可以分为：古代笑话、军旅笑话、儿童笑话、动物笑话、愚人笑话、夫妻笑话、冷笑话、网络笑话、恐怖笑话、民间笑话、医疗笑话、体育笑话、交往笑话、交通笑话、名人笑话、家庭笑话、恶心笑话、爱情笑话、各地方言笑话等等。虽然每一个笑话的种类和名字都不同,但是它们的性质其实都是一样的。我们不妨举例来说明:

1.职业性笑话:职业性笑话中的内容主要就是针对某一种行业的人的弱点,从而讽刺这个职业。例如:某个超市销售的牛奶中掺杂了大量的自来水,牛奶味道非常淡。有顾客就将其举报到质监局,经过检测,居然发现在牛奶中奶中掺杂了5倍的水。于是质监人员就责问店主:"你这也叫牛奶?"店主却面不改色地说:"这个的的确确是牛奶,只不过它是水牛的奶。"

2.律师笑话:在美国的一些地区就流传有许多关于律师的笑话,由于当地的律师给人的印象都是贪财的不好形象。例如:小A问:当你和一个凶手、一个强暴犯和一个律师被困在一个房子里的时候,你的枪里只剩下两颗子弹,你会怎么做?小B回答说:我会射击这个律师两次。

3.政治型笑话:主要是用于调侃政治时事或某些公众人物。

4.问答式笑话:例如,鸡为什么要过马路,小学生造的句子能有多异想天开!如果谜语能让人会心一笑,那它就也可以属于一个笑话。假如一个脑筋急转弯能让人发笑,那它也属于一个笑话。

5.冷笑话及其特色:冷笑话通常指的是笑话本身因为谐音字、翻译、省去主语、不同逻辑、断语及特殊内容等问题,或者是由于表演者语气或表情等一些原因,导致一个原本非常好笑的笑话变得和一般笑话感觉不一样,比较难以让人发笑,不过也并不代表不好笑,其实也是幽默的一种表现。另外,有的冷笑话在经过仔细推敲之后又会发现不少微妙的地方,有时冷笑话不好笑就是这个笑话唯一的笑点,如今的冷笑话广泛流行于网络、电视节目、书籍、杂志之中,坊间不乏冷笑话的高手。例如:有一天小强问他的爸爸:"爸爸,我是不是一个傻孩子啊?"爸爸说:"傻孩子,你怎么会是傻孩子呢?"

6.网络笑话:网络笑话一般是指紧抓当前的网上发生的热门事件,并且是由网友制作传播的一种笑话。通常网络笑话最后往往会发展成网络流行语,网友互相联系或者开玩笑用。最近几年的网络笑话也是越来越多,也越来越能吸引人们的目光。例如,上联:云计算、云存储、云杀毒、云邮件、云播放器——云里雾里;下联:谷歌云、微软云、苹果云、脸谱云、亚马逊云——不知所云;横批:神马都是浮云!由此可见,用不了多久,网络笑话必然会快速发展壮大。

7.短信笑话:短信笑话一般是采用短信的形式出现,通常内容都不会很长,跟手机短信一样,只是朋友间以打趣的方式进行互相问候的一种形式,特点就是一句话或者一条搞笑祝福,通过这样的方式传达温暖的问候,当然也可能是朋友之间的相互调侃。例如:我爱你一生一世!这是真的请相信我!你就是我的宝贝!生活缺少你不行!你的心只有我最懂!你的眼睛最柔情!!(要想明白我心意,请看每句第三个字)

8.校园笑话:校园笑话所指的就是发生的地点是在校园,学生和教职员工为主要的人物。或诙谐、或讽刺、或单纯、或寓意深远,与其他种类的笑话不同的是,校园笑话常常能勾起人对在学校里最美好时光的回忆。在笑过之后,发出身临其境般的感叹。例如:大三一男生在食堂窗口大声对里面的打饭师傅说:"你给我打的是豆角炒什么?""肉",师傅面无表情地回答。"什么?"男生声音更大了。"肉!"师傅的表情有些不耐烦了。男生又大声地问了三次之后。大师傅终于反应过来了,于是给男生的饭盒内添了一勺肉。

9.名著笑话:名著笑话一般都是对名著中的诗词进行恶搞或者调侃,从而达到一种搞笑的效果。例如,《西游记》:猴哥救我;《红楼梦》:妹妹救我;《水浒传》:叔叔救我;《三国演义》:军师救我,等等。

由此可见,不同种类的笑话都传递着同样一种结果,那就是惹人发笑。

笑话引发人们发笑的过程其实可以分为几个阶段：第一个阶段是非常重要的，首先笑话的结局一定要不符合常理，出人意料；第二个阶段，思维开始解释这种不符合常理或者惊讶；第三个阶段也就是最后一个阶段，大脑经过理解然后接受，形成了幽默感觉并引人发笑。这几个阶段的产生都是由一种叫做多巴胺的神经介质(一种脑中化学物质)去统一负责完成的。多巴胺会让我们在笑的时候感觉舒服。研究结果表明，经常接触一些有趣的事物可以改善慢性病人的身体健康状况。由此看来，古语所说的"笑是最好的药"可以说是一句至理名言了。

青林寺谜语

【非物质文化遗产百科名片】	遗产项目	青林寺谜语
	所属地区	湖北省宜都市
	入围时间	2006 年
	传承意义	青林寺谜语是青林寺人民在长期的生活实践中保存和流传下来的珍贵文化财富，是我国民间文学中的一朵艺术奇葩。

"有水能使清江清，树叠罗汉绿荫荫。侍从旁边无人问，宜都境内不用寻。"青林寺村地处于历史悠久、地理环境独特的湖北省宜昌市宜都高坝

洲境内，其村名就是一个谜语，让人琢磨不已。谜语，是一种在民间广为流传的口头文学艺术，而青林寺谜语则是青林寺人民在长期的生活实践中保存和流传下来的珍贵文化财富，是我国民间文学中的一朵艺术奇葩。

青林寺里的村民都十分擅长于制作谜语、猜测谜语、从而形成了一股痴谜之风。因此，青林寺中的谜语数量十分丰富，经过整理，大约有 5000多歌，并且种类繁多，有物谜、事谜、字谜等等。其中谜语中很多具有较高的文化和艺术品味，观察入微、情节构思巧妙。青林寺中的村民对谜语可以说是非常的热爱，随时随地都可以互相出谜语、猜谜语。

青林寺村是因为青林寺的寺庙而得名。青林寺的寺庙最初建立于盛唐时期，之后在明朝中叶时期进行了扩建，最后又毁于文革时期。相传在唐代的时候，有一天，一名香客走进了青林寺中。寺中的主持梦圆和尚就请求对方给大雄宝殿题字。这名香客就说："你又不知道我是什么人，我为什么要给你题字呢？"梦圆和尚听完之后笑着说："那我打个哑谜，如果对了，就请你替宝殿题字。"随后，梦圆和尚又说："开天冬夏连春秋，一年四季季无头。人活百岁不足奇，而今均已九十九。"话刚说完，这名香客就开口大笑，并立刻题写了"大雄宝殿"四个字，并在下面落款："季无头、九十九书"。原来，这个人就是唐代著名的大诗人李白。而梦圆和尚所出的哑谜，谜底就是"李白"。

当然，时至今日，这个传说故事的真实性已经无从考证。但是至此之后，这里的村民就喜爱上了猜谜语。

人类社会活动的最初遗迹是"长阳人"遗址，距离青林寺村也就只有40 多公里；与之紧紧相邻的红花套城背溪新石器时代遗址，已经有着7500 多年的历史，这些都是中华民族古文化的发祥地之一。悠久的文化背景和特殊的地理条件，造就了青林寺村独特的风土人情和特有的文化氛围，沉淀出了大量宝贵的民间文学资料。

伴随着人们的日常生活和劳作,一些诙谐幽默、睿智的民间谜语、谜歌、谚语、故事、笑话、歇后语等等,在青林寺一带广泛流传开来,之后又经过一代代的青林寺人的不断加工创造,从而让这些谜语变得更加丰满。在我国民间众多的艺术形式中,以谜语文化最为活跃,也最为广大人民群众所喜爱。甚至可以说,在青林寺这个地方,几乎每一个人都是一位出色的民间艺术家,全村上下,不管男女老幼,都是制谜猜谜的高手,或采用喻物、或运用抒情、或应有写意;或站在田边、或坐在地头、或聚众闲聊,一个出谜语一个猜谜语,大家各施才能,看谁能够独领风骚,笑到最后。

有关青林寺的谜语,之所以能够得到不断的传承和人民群众的喜爱,主要是由于它自身所具备的几个特点:

第一,乡土气息非常浓郁。青林寺村当地的自然资源,气候物产、风俗习惯,村民日常生活劳作方式和器具等,都可以透过谜面与谜底的形式表现得鲜活生动。例如:天上乌云转转,地下红花爆烂,一条蟒蛇咬到,累死两个蛮汉。(谜底:打铁)又例如:尖尖身子白如银,论秤没有半毫分,眼睛长在屁股上,只认衣衫不认人。(谜底:针)

第二,青林寺中的谜语数量十分丰富,经过整理,大约有5000多个,并且种类繁多,有物谜、事谜、字谜等等。

第三,谜歌在我国极为少见。

第四,谜语朴实无华。青林寺谜语是集娱乐性、趣味性、知识性于一体的传统特色,就像是田野里的一股新风。

然而,就在20世纪末期,随着清江高坝洲水电工程的开发建设,青林寺村就成了主要的淹没区,导致了许多青林寺村的村民向往迁移,迁移人口达到了总人口的40%,目前青林寺村仅剩下925人。随着清江水利梯级的进一步开发,淹没区和移民范围必将进一步扩大,再加上多元化文化的强烈冲击,使得谜语这一宝贵民间文化现象正面临着消亡的危机。

近几年来,我国开始着力抢救、保护和传承青林寺谜语,经过不懈的努力,先后编辑出版了《青林寺谜语选》、《青林寺谜语选(续编)》、《青林寺谜语选(精选本)》、《青林寺谜歌选》、《中国湖北青林寺谜语村》、《婚育新风谜语选》等六部专辑;同时还专门成立了青林寺谜语抢救保护组织。不仅如此,青林寺的谜语、谜歌也已经被宜都市全市中小学校列入了乡土教材。

2001 年 7 月,湖北省文联在组织专家、学者进行反复论证过后,将青林寺村命名为"湖北省青林寺谜语村",2002 年被湖北省文化厅又授予这里"民间艺术之乡"的称号;2003 年青林寺村被中国民协命名为"中国谜语村"。

苗族贾理

【非物质文化遗产百科名片】	遗产项目	《苗族贾理》
	所属地区	湖南省吉首市、贵州省雷山县
	入围时间	2008 年
	传承意义	《苗族贾理》是一部古籍经典巨著,是苗族古代文学、史学、哲学、法学、语言学、民俗学、巫学、自然科学等的综合集成,被称为是苗族古代社会的"百科全书"、"圣经"和"法典",从中反映出了古代苗族人民的世界观、伦理道德观和价值观。

《苗族贾理》是一部文化内涵非常厚重而又濒临失传的苗族古代经典

巨著，在贵州省黔东南等地世代口头流传。《苗族贾理》是集苗族古代文学、史学、哲学、法学、语言学、民俗学、自然科学、巫学等于一体的巨作，被誉为苗族古代社会的"百科全书"、"圣经"和"法典"。

相传《苗族贾理》的最初起源于苗族原始社会的父系氏族时期，其最早的版本也伴随着苗族先民迁徙到了贵州境内，并广泛散布在今丹寨、麻江、凯里、雷山、黄平等县市，大约在清朝雍正时期形成了各地广泛流传到今天的版本。

在苗族的语言中，"贾"具有"讲、说、论、辩"等各种含义。《苗族贾理》就是通过对一个个故事、事件的具体而平实的叙述，寄寓特殊含义于其中，让人们从中领悟出苗族最基本的人生观、价值观和文化观，从而树立是非对错、善恶美丑的依据和标准，从而建立一套基本准则，这在苗族社会生活中发挥了非常重要的作用。乾隆皇帝在张广泗关于贵州六厅"苗疆事宜"的奏折就曾这样批道："苗民风俗与内地百姓迥别，嗣后苗众一切自相争讼之事，俱照苗例，不必绳以官法。"这里所说的"苗例"，就是苗族的"贾理"，由此可见《苗族贾理》的重要影响。

《苗族贾理》作为一部经由口头传承的经典著作，拥有固定的、传统的篇章框架，分为各个篇数和章节。过去那些精通《苗族贾理》的人都能颂唱这些传统的篇章。并且《苗族贾理》的精妙之处还在于它朴实的语句中往往包含了许多的哲理，例如在说到人与自然时的"共生才繁荣，共存才美好"，说到个人修养时的"弹墨线才造成屋，懂贾理

才做成人"，说到要宽容别人时的"气生气有消，水涨水有落"，说到婚姻伦理时的"勿牧两条牛，勿敲两个鼓，勿吃两箩粑"等等，都给人带去了深刻的教育和启迪。

《苗族贾理》传承的方式是口头传承，具体的传承形式主要有办班传授、家庭传承和拜师学习三种。但不管是哪一种传承形式，在一开始的时候都要举行一个仪式。传统的传授时间一般都是选在苗历虎月或兔月（农历正月或二月）的月初至十五期间举行，如此一来，就是为了祈望像月亮由缺至圆、越到夜晚越发明亮一样，愈学心思愈明、懂得的道理也就愈多。另外，传承的地点规定传必须是在室内，并且女性不可以参加传授学习。

除此之外，传授的仪式也非常庄严、特别。开始传授的时候要选择一个吉日用以举行敬祭定拉神仪式。定拉是苗族传统观念中万物万业万艺的神灵，相传《苗族贾理》就是定拉等神首创而来的。仪式开始之前，还要给每个人制备一套 1 尺 2 寸长的竹签，称为"贾签"或"理片"，然后以酒、米、公鸭（有的地方用公鸡）等敬神以后，就可以开始传授的过程了。贾师都会以一领众随的方法逐句对《苗族贾里》进行教唱。在学习的时候，每个人的面前都会放着那套"贾签"，每唱一句的时候就会拿起一支，唱完一句就会紧跟着放下一支，如此反复循环。同时，还会在室中备有米酒，以供在学习的过程中饮用。在当代的时候，各个地方传承习俗的细节也会有所不同。

在苗族人民群众的观念中，习得《苗族贾理》的人就一定要有公益心，要乐于助人，除了可以吃一顿饭或者接受一点传统的小礼物之外，是不可以再接受任何的报酬。人们时常会听说一些因懂的《苗族贾理》而留下名声的，却从来也没有听到过因懂的《苗族贾理》为民众服务而发了财的。

在丹寨县五一村，解放初期的时候这里还曾有数十位贾师，可如今这里却只剩下一人对《苗族贾理》略有所懂。根据了解，现如今结构完整的

《苗族贾理》主要流传于丹寨县境内。清末至解放初期，全县境内学习、传授、应用《苗族贾理》的风气仍相当浓厚，人们都以懂得贾理、遵从贾理为荣，其传承的风气也一直延续到今天。

然而，我们又不得不清醒地意识到，随着时间的推移，社会经济的快速发展，《苗族贾理》文化正受到其他多元文化的猛烈冲击，如今已处于断代失传的局面，急需进行抢救和保护措施。值得庆幸的是，2010年春节前后，丹寨县非遗保护部门拨出了一笔专项的经费，扶持多个村寨的贾师办班开展传授活动，《苗族贾理》也因此迎来了传承与保护的新局面。

童谣

【非物质文化遗产百科名片】	遗产项目	童谣
	所属地区	北京市宣武区（现划入西城区）
	入围时间	2008年
	传承意义	童谣是孩子们最早接触的文学样式，每一个孩子在刚生下来的时候，不论是在母亲怀抱里，还是在摇篮中，都会在温馨的童谣陪伴中，快乐地成长；可以说，童谣是人的一生里最早受到熏陶的启蒙文学。

儿时的记忆，有多少伴随着成长被不断的淡忘，可那幼时听过的童谣却至今深深地印在心里。其中，最令人难以忘怀的就是这两首：一首是"小

耗子儿,上灯台;偷油吃,下不来;吱儿吱儿吱儿地叫奶奶,奶奶拿个包子哄下来。"还有一首就是:"小板凳儿,四条腿儿,我给奶奶嗑瓜子儿。奶奶嫌我嗑得慢,我给奶奶煮碗面;奶奶嫌我没搁油,我给奶奶磕仁头。"前面这首讲的是一位慈祥可爱的老奶奶,手里拿着香喷喷的大包子,才把溜到灯台上偷油吃的老鼠哄了下来。我猜想,在这位老奶奶的心目中,那个馋嘴的小耗子就是自己怀里抱着的大孙子。而后面一首童谣就很像是"我"和奶奶合演的一出滑稽戏;孩子十分孝顺,又是给奶奶嗑瓜子又是煮面;而奶奶呢,故意挑刺儿,为的就是拿小孙子开心。简简单单的几句话,却让人回味无穷,乐在其中。

　　童谣,应该是经过一代代人的口耳相传的,在儿童口中互相传唱的,带有浓厚的地方特色,诙谐幽默、音节和谐,形式简单明了,读起来朗朗上口的歌谣。在世界上的各个国家、各个民族都有着各自的童谣,即便是没有文字的族群也拥有着自己的童谣。传统的童谣应该是属于民间文学之一,应该是包含在民谣中。基本上童谣是没有非常明确的范畴和界限的,但凡是民谣中有适合孩子听和唱的都可以归纳为童谣。童谣,是孩子们最早接触的文学样式,每一个孩子在刚生下来的时候,不管是在母亲的怀里抱着,还是躺在摇篮中,都会在温馨悦耳的童谣陪伴中,快快乐乐地成长;可以说,童谣是人的一生里最早受到熏陶的启蒙文学。

　　童谣的历史十分的悠久。根据《列子》中记载的《康衢童谣》,相传就是中国传说中圣人尧时候的童谣。《古今事物考》中就有说过:"《列子》曰:'尧乃微服游于康衢,闻儿童谣。'谣之起,自尧时然也。"有的人认为《列子》这本书的内容不一定属实,只承认《国语·郑语》中记载的《周宣王时童谣》才是真正最早出现的童谣。

　　即便如此,童谣也有着将近三千年的历史。在我国文学史上,能够和童谣的历史一较高下的,恐怕就只有《诗经》中的某些篇章了。纵观我国古代童谣的历史,可以发现总结出一条十分明显的分界线:在明代之前,所有的童谣几乎都是有关政治的童谣,可以看出都是不同程度上的政治斗争的工具,这些童谣和儿童的生活根本没有任何的关系;从明代开始,在进一步发展政治性童谣的同时,也产生了一批真正反映儿童生活的童谣,或者可以说,这个时候才有人有意识地开始创作和收集真正意义上的童谣。明代之前或许也存在一些非政治性的童谣,只不过没有人去进行专门的搜集和整理,所以就被湮灭了;即便是有人记下这一点,恐怕也会被添加到政治当中去。

明代是我国资本主义因素产生的时期,当时有一些人,冲破了宋元理学的封建束缚,思想也相对比较解放。他们的视野也扩大到了前所未及的众多领域上面,再加上当时印刷业的兴盛,童谣的创作或收集取得了不错的成绩。现存中国最早的儿歌专集就是明代吕坤于1593年编成的《演小儿语》,从这以后,这一方面的专集收集才逐渐地增多了起来。

从现有的材料来分析,我国古代童谣总的来说是呈现出"两多两少"的状况:乱世的时候数量较多,盛世的时候数量较少;王朝末期的时候数量多,王朝早期的时候数量少。就像是魏晋南北朝时期、五代十国时期、元代,政治上腐败黑暗,内外战争不断,国家四分分裂,百姓民不聊生,反映这个时期的政治斗争的童谣也就相对比较多。在每一个朝代中,一般都是末期的时候要比早中期的数量多,就像秦朝末年、汉朝末年、元朝末年、明朝末年等时期,都是童谣大量广泛流传的时期。之所以会出现这种情况,主要还是因为:每个朝代的乱世和末世,政治斗争都比较尖锐复杂,各种政治力量都通过不同的手段去努力地表现自己,其中就包括用童谣为自己制造社会舆论。所以,才会导致大量童谣的产生。

另外一方面就是,这个时期的统治者的钳制力相对削弱,从而让那些生产出来的童谣不至于被全部扼杀掉。一些新上台的统治者对那些替自已制造舆论的童谣,必然会加以保留,即便是对那些诅咒被推翻的统治者的童谣,也往往都是抱着一种容忍的态度,甚至还乐于记录下来,以作为自己"顺乎天心,合乎民意"的天子王权证明。相反的是,在每一个朝代的初期和中期,统治阶级的统治都是相对稳定,除了那些歌颂国家兴盛安康的东西以外,真正的童谣就不容易被创作和保存下来了。

现如今,童谣俨然已经成为了许多孩子儿时最早接触的文学样式。童谣对人类的影响也是不容忽视的。主要有以下几点:

第一个方面,童谣有利于培养孩子高尚的道德情操。根据有关学者专家们的不断研究发现,一个人的智力发展,在四岁以前就已经完成了百分之五十;四岁至八岁的时候又完成百分之二十;其余的百分之三十,则是在八岁以后逐步完成的。这一研究成果表面,人类在幼儿阶段的智力发展是十分迅速和惊人的。只有在抓住幼儿智力发展的良好时机,对幼儿进行纯正高尚的道德情操教育,才是幼儿健康成长的关键所在。

第二个方面,有利于培养孩子美好的情感。每一个孩子美好的情感,都要从很小的时候就开始着力进行培养,而通过童谣的传唱,对美好情感的陶冶是非常有帮助的。

第三个方面,有利于培养孩子良好的行为习惯。每一位家长在对孩子进行启蒙教育的时候,首先都要对孩子进行养成教育,而养成教育的核心之处就是培养孩子良好的行为习惯。良好的习惯将会让孩子的一生获益。童谣这种艺术形式,在孩子的传唱中,告诉孩子什么是好的,什么是不好的,应该怎样去做,不应该怎样做。从而,在很小的时候帮助孩子养成良好的行为习惯。

第四个方面,有利于培养、丰富和发展孩子的想象力。一个国家、一个民族的创造力如何,决定了这个国家、这个民族的荣辱兴衰。每一位家长在对孩子进行启蒙教育的时候,首先要对孩子进行创造力的教育,而想象力就是创造力的基础。童谣往往展开大胆的想象，使孩子可以张开想象的翅膀，进行大胆的创造。

第五个方面，有利于培养孩子的心智，开发孩子的智力。幼年和童年，是每一个孩子智力快速发展的时期，同时也是智力开发的最佳时期，童谣所蕴涵的丰富的知识性，对开发孩子的智力非常有帮助。

第六个方面，有利于培养孩子的语言表达能力。每一个孩子从婴儿的时候开始，便开始牙牙学语，而童谣悦耳的音韵，自然合节的特质，刚好是他们学习语言的最佳形式。经常传唱童谣，将会有利于培养孩子们的表达能力。童谣就像是孩子们从幼年到童年的一道大餐，缺少了它，孩子就会营养不良，很难让身心平衡健康的成长。

然而，随着时代的快速发展，孩子的审美趣味和审美需求也在不断地发生着变化，原先的一些古老童谣，也无法适应孩子们的需求，这就要求一些童谣作家，尤其是广大的幼儿园、中小学教师拿起笔来，创作出适应孩子审美情趣和审美需求的新童谣来。

当然，童谣的创作手法要丰富多样，要不断地运用拟人、夸张、重叠、反复、排叙、对比等手法，从而让童谣变得丰富多彩，朗朗上口。只有不断地去发展和繁荣童谣的创作，才能让童谣在孩子的启蒙教育中更好地发挥作用。孩子的成长离不开童谣，因而就需要更多更好的童谣，陪伴孩子们快乐茁壮成长。

童谣，曾经给多少个孩子带去过欢乐，曾经陪伴过多少个孩子的成长。然而，随着时代的进步，经济的快速发展，当人们的物质、文化生活日益丰富的时候，童谣似乎已经完成了它的历史使命，正在逐步淡出人们的生活，走向边缘化，甚至面临着消亡的危机。

一个严峻的事实就是现如今几乎找不出一首孩子们经常挂在嘴边、广为传颂的新童谣。那么，造成这种尴尬局面的原因究竟是童谣的产量太少,还是质量不高呢?或者根本就是不管好坏,孩子们都没有需要呢。有专业人士分析说道:其实从数量上来说,这些年所创作出来的新童谣的数量并不少,新童谣的创作者和推行的人也都不在少数。

可是从本质上来说,现代的童谣又的的确确缺少能够让孩子们喜爱并容易记忆和唱诵的好作品。至于现在的孩子们到底需不需要新童谣这个问题,从反思的角度上我们不禁想到了前段时间在孩子们中间广为流传的灰色童谣,如果说随着时代的变迁,童谣这种文化形式已经失去了存在的价值,那么为什么一些内容不健康的灰色童谣反而能在孩子们的中间流行呢?这个问题,想必能引起家长、教育工作者以及社会学家的各种反思。

版权声明

　　编者在编辑本丛书时,为了让读者能更直观感受到非物质文化遗产的魅力,使用了不少图片。这些图片多数已征得作者或有关网站授权使用。但有些图片无法核实原出处和原版权所有者,在此表示深深的歉意并恳请谅解!请相关图片版权所有者见书与中国华侨出版社总编室联系,敬奉样书及稿酬。